間違いだらけのインクルーシブ教育

多賀一郎
南　恵介　著

黎明書房

はじめに――「インクルーシブ教育」は特別支援教育ではない

『きれいごと抜きのインクルーシブ教育』を書いている時、共著者の南惠介さんが、

「多賀先生、こんなに尖ったら、既得権益者からバッシングを受けますよ。」

と言われました。

「では、君は抑え気味に……。」

と言うと、

「がんばって、もっと尖ります。」

と返ってきました。（笑）

でも、実際に出版して重版を繰り返す中で攻撃はほとんどなく、特別支援を専門とするみなさんとも、対話が成立してきました。

僕たちが子どもの事実、学校の事実を元に書いたからだと思っています。

今回、『間違いだらけのインクルーシブ教育』を刊行するにあたっては、さらに言いた

い放題になってしまっているかも知れません。でも、それは現場の事実を踏まえてのことに他なりません。

インクルーシブ教育についての研究は最近、かなりのスピードで進んでいます。数年前には分からなかったことも解明されつつあります。しかし、学校現場は根源的なところでつまずいています。

「教室が、授業が成り立たない。」
「暴れる子どもにどう対応したら良いか、分からない。」
「どうすればおうちの方と前向きに話し合えるのだろうか。」
等といった声がたくさん聞こえてきます。

専門的にいくら教室の「あの子」のことを解明できても、今、目の前にいる子どものことは直接つながらないからです。

インクルーシブ教育は、普通学級における教育のことだと思っています。どんな子どもでも全て教室で受け入れて、みんなと同じ「場」でする教育です。特別支援教育とは、根本的に違うのです。

違いを強調するつもりはありません。特別支援の視点は、普通学級の全ての子どもたちにも応用できるものです。我々はそこから何を汲み取り、活かし、何を切り捨てて考えていくかも示したいと思います。普通学級で大勢の子どもたちにする教育には、それなりのやり方があると思うからです。

本著では、実態をきれいごと抜きで取り出して、どの方向へ向かえば良いかを示したいと思います。特に南さんには、実際に普通学級を担任しながらの実践を元に、学級のつくり方を語っていただきます。

多賀一郎

目次

第四章　学級づくりとインクルーシブ教育――121

第一章

なぜ教師たちが苦しむのか？

教師だけの責任ではどうにもならないことがある。

でも、うまくやれている教師もいるから、できない教師が落ち込んでいく。

もっと多くの人が関わらないとうまくいかないのだ。

1　現場で起きていること①

インクルーシブ教育についてのさまざまな本が出ています。読めば読むほど自分のしているることが良くないと思ってしまう本が多いのです。そして、その本に書いてあるように実践しようとしても、なかなかうまくはいきません。

子どもがキレてしまって暴れ出した時には、どうしても制止しなければならないのですが、一人では対応しきれないという場合も多いのです。

何人もの先生が関わっても、子どもはエスカレートする一方です。結局は力で制圧しなければならない、ということが実際にあるわけです。

そして、そうやって力で制圧することは、教師にとっても、子どもにとっても、決して良いことではありません。

けれども、そうなってしまうのです。

学校にはルールがあります。ある程度までは教室の「あの子」の言動には目をつぶれても、どうしても譲れない線というものもあります。そこで、教師は葛藤します。

さらに、保護者の無理解というものも、子どもを育てるときに立ちはだかる大きな壁となります。

「どうしてあの子を放っておくのですか？」

「びしっとしてください。」

等というクレームが来ます。

保護者は待ってはくれません。ほかの子どもに対する余裕がないのです。

そして、教室の「あの子」の対応に振り回されて、クラスの子どもたちへの目が行き届かなくなり、しだいにクラスが荒れていきます。気が付いた時には、手出しできないほどに子どもたちが荒んでしまっているのです。

こうした状況に、心ある教師ほど、子どもたちに対して熱心な教師ほど、教育現場が苦しいものになります。

若手だけではありません。中堅もベテランも

「今まで自分のやってきたことが、まったく通用しない。」

と、悩む状況があります。

ベテランだから安泰というわけにはいかないのです。

■全国各地で聞こえる苦悩の声

子どもが暴れたり、乱暴な行為をしたりすると、担任の責任だと言われます。

確かに、担任の責任はありますが、教室の「あの子」への対応の仕方を完璧にできる教師なんて、そうざらにはいないものです。

まして、若い教師、大学を出て間もない教師にとっては、異星人と出会っているような感覚でしょう。何をどうしてよいのか分からないのです。

そのときに、学年団や管理職が気を使ってフォローに入って下さるところはまだ良いのですが、

「お前の対応が悪いから、こういうことになった。」

と、叱責される若手の教師もたくさんいるのです。

自分でも

「力がない。教師には向いていないんじゃないか。」

と悩み、先輩や管理職から注意されて、心がぼろぼろになっていくという例をいくつも見かけます。

ある先生は、

「教師を辞めたい。」

と相談に来ました。

僕が彼に話したのは、

「君の責任がどのくらいあるのかを考えてみようか。まず、その子がいるのが分かっていて、新卒の君に担任させた管理職の責任があるよね。それから、やはり保護者にも責任はある。全く保護者に責任がなくて、君のせいだなどということはないよね。そして、本人にも、もう責任はある。そう考えていくと、君自身の責任は何％くらいだろうか。」

ということ。

彼は

「二十パーセントくらいですかね。」

と言いました。

「それぐらいの責任しかないんだから、辞める必要はない。」

と言いました。

若い先生方、そこまで自分を追い詰める必要はないのですよ、と言いたいものです。

■特別扱いはダメなのか？

教室の「あの子」について考えるときに、「みんなと一緒でなきゃならない」というような教育現場の同一性を求める考え方が邪魔をします。

「この子だけ特別扱いはできません。」

という言葉がはびこってしまうのです。


特別扱いは、本当にだめなのでしょうか？

特別扱いという言葉の裏には、全ての子どもが同じようなことをしなければならないという教育現場の同一性を求める考えが存在します。

学校というものが、同じ教室に大勢の子どもたちを閉じ込めて、みんなが同じことをしていくように教育する場であるのは、仕方のないことです。学校には、社会人としての人間を育てるという責務があるのですから、ある程度は人に合わせたりすることやそろえたりすることは、あってしかるべきでしょう。

そして、多くの子どもたちは、それで問題なくやっていけるのです。

だから、それが当たり前だと思ってしまいがちなのです。

けれども、教室に三十人いたら、三十種類の子どもたちがいるのです。経歴も家庭環境も性格も全て違う子どもたちがいるのです。

中には、一つのきまり通りにはなかなかいかない子どももいて当たり前なのです。

そういう観点にさえ立てば、片付けの遅い子どもには手助けをしてあげたり、勝手なことをしていても、みんなの邪魔にさえならなければ、ある程度は見て見ないふりをしていたりと、いくらでも融通のつけられることではありませんか？

みんなに合わせなければならない。

みんなと同じスピードでできるようにしてあげなければならない。

一人だけ特別扱いはできない。

そんな思いで教育をしていませんか？

特別扱いは、あっていいのです。特別な扱いを必要とする子どもに配慮した教育をするのですから、堂々と「特別扱い」をして良いのです。

■対応に手をとられて学級が崩れる

教室にちょっとしたことで叫んだり暴れたりと、不適切な行動をとる子どもがいたとします。当然、教師はその子どもに手をとられます。


教室から飛び出していったら、後を追いかけていく。

暴れる子どもを制止しようとする。

その子を注意しても聞かないから、さらに強く叱責して言い合いになる。


これらは、当たり前のことです。普通の教師ならそうするでしょう。

そうしている間に、他の子どもたちはどうしているのでしょうか？先生が「その子」に手をとられている間、それを黙って見ているか、勝手なことをしているか、無視しているか……。

いずれにしても、学級にとって良い状態ではないことは明白です。それが続いていくと、学級が徐々に壊れていきます。

先生が出て行った子どもを追いかけていったときに、残された子どもたちがどうしていたかを把握しなければなりません。課題を与えておいて、それを黙々とこなしていたり、グループでの話し合いを成立させたりしていたら、その子たちに

「よくやっているね、すばらしい。」

「自分たちだけで、これだけのことができたんだね。」

等というような価値言を与えなければ、子どもたちはしだいに不適切な行動をとるようになっていくでしょう。

ある学校で、グループでお互いの作品を見せ合って評し合うという授業をしていました。一人のキレやすい子どもが、興奮して大声で叫びながら、自分の作品をぐちゃぐちゃにし

ました。業間に他の子どもとケンカしたことが原因でした。先生が叱って、さらに子どもは興奮しました。結局途中からその子どもと先生は廊下に出て、その時間丸々話し合いをしていました。

その間、その子のグループの残りの三人は、自分たちの作品を見せ合って、評することをやっていました。先生は指示も何もしていなかったのにです。

これは認めるべきことでしょう。

「○○君と先生が廊下に出ていた間に、君たちはちゃんと自分たちのするべきことができていたんだね。」

という価値言を伝えるべきなのです。

その価値言は、その子どもたちだけに伝えているのではなくて、クラスの他の子どもたちへのメッセージともなるのです。

このメッセージを出さずに、がんばった子どもたちの努力を認めなかったら、子どもたちはしだいに勝手なことをするようになっていきます。子どもってそういうものですよ。

また、暴れたり暴言を吐いたりする子どもと先生とのやりとりを黙って見ている子どもたちの中には、白ける子どもが出てきます。

白ける子どもたちは、学級というものに対して否定的になっていきます。先生は自分たちのことを見ていないということに気づいてしまいます。そして、場合によっては、先生の目の届かないことをいいことに、意地悪やいじめが横行し始めます。

こそこそと隠れて行われるし、余裕のない先生はその兆候が見抜けないものですから、先生が気づいたときには深刻な状態になってしまうのです。

陰湿ないじめがはびこります。

学級の体をなさなくなってしまうのです。

特別扱いを受けている子どものことを理解させるということをしないで、他の子どもたちのことを放っておくと、その子に対する冷たい視線が出てきます。

しょっちゅう教室から取り出されて別室で授業を受けているということになれば、教室に戻ってきたときに

「何しにきたの？」

「授業の邪魔になるから、来ないでよ。」

という視線や陰口が出てきます。

つまり、その子も含めた学級をつくっていこうという意識が薄れてしまうのです。

その子も高学年になってくると、敏感に友だちの視線を感じます。感受性の強い子どもが多いので、悪意を感じてしまうのです。

「どうせおれのことなんか、誰も思ってくれない。」

「みんなが僕を白い目で見ている。」

という思いが強くなり、さらに問題行動につながってしまうのです。

一人でもそういう子どもが出て、その子を阻害することが当然のようになってしまったクラスでは、お互いを信頼したり、

助け合ったりするような土壌が育ちません。

こうして、学級が壊れていくのです。

教室の「あの子」の対応に追われて、学級づくりができないということです。

■「当たり前」を見直せ！

「こういうときはこうするのが『当たり前』だ。」

「ふつうなら、こんなときにはこうするでしょ。」

というような「当たり前」を見直してはどうでしょうか？


子どもが暴れたら、その子の対応に全力をつくさなければならないから、授業や学級がおろそかになってしまうというのならば、その子が暴れても授業も学級もうまくいくような、授業の在り方や学級のつくり方を考えれば良いのです。

子どもの一人や二人が問題行動を起こしても、子どもたちが自分たちでその子に対応していったり、授業を進めていったりできるようにすれば良いのです。

つまり、教師だけが頑張る教室ではなくて、何でも子どもたちと相談して、「あの子」にどうしていけば良いのかと考え合うようなスタイルを確立すれば良いのです。

昔、すぐに手を出してしまう子どもがいました。暴れることもしばしばありました。注意されると拗ねて、よけいにややこしくなるという子どもでした。

僕はどうしようもなくなって、その子と二人で別室で話すというときに、四年生の子どもたちに、

「なあ、D君は、なんでああなってしまうんだろうか。先生はもうどうしていいのか分からないよ。みんなでどうしたらいいのか話し合ってくれないか。」

と言いました。

子どもたちは喧々諤々話し合ったそうです。

そして、出した結論は

「D君に手紙を書く。ただし、書くのは自由にする。」

ということでした。

僕は便箋を作って用意しました。教室に便箋を置いて、その横に大きな封筒を置きまし

た。

「先生は読みません。中身は見ないで渡します。」

と、言いました。

ですから、未だに全員が書いて出したのかも分かりませんし、まして、その中身は全く分からないままです。

しばらくしてＤ君のお母さんと話しました。

「先生。あのみんなからいただいた手紙ですけど、私も何が書いてあるか分からないのです。読んだことがないので……。

でも、あの子、机の中にあの手紙を置いておいて、しょっちゅう取り出しては読んでいるみたいなのです。決してその中身のことは言わないけれども、大切にしていることだけは分かります。」

と、おっしゃいました。

その後、彼のかたくなな心が、少しずつ柔らかいものに変わっていったような気がしました。

おそらく、その手紙には彼の心を揺さぶるあたたかい言葉が並んでいたのだろうと思います。

教師には限界があり、できないことだらけです。だからこそ、子どもたちと一緒に考えていくという姿勢が必要なのではないでしょうか。

■中堅、ベテランの難しさ

教室の「あの子」に対する対応については、若手だけではなく、ベテランや中堅の先生も困っているようです。

困っていると感じている方は、まだ良いのです。

問題は、困っていない方です。

成功体験が邪魔をする

自分の成功体験を自負している方は、教室の「あの子」に対して、他の子どもと同じようにすることしかできません。

つまり、厳しく叱責して威嚇し、強制的に大人しくさせようとするのです。大声で怒鳴ることに、ためらいがないのです。そうやって子どもたちに圧をかけて教育してきて、それで保護者からも

「あの先生に任せておけば、安心だ。」

等と評価され続けてきたという自負があるのです。

このタイプは、全てが子どもと親の責任だと言います。

ご自分の担任した後にその学年の子どもたちが荒れるのを見て、

「オレの時は、ちゃんとしていたのに、今の担任はなってない。」

と、次の年の担任や中学の先生に対して、批判的なことを言います。

実際には、その方の圧力で抑えつけてきたものが、爆発しているだけなのですが……。

こういう考えの方は、変わりません。

子どもの問題行動を強化してしまい、どうにもならないところまで子どもたちを追い込んでしまいます。

そのうえで、保護者に対して

「病院で診断を受けて、薬を飲ませなさい。」
等と簡単に言うのです。

はっきり言って、今の教育に合わない方なのです。世の中が変わり、体罰も絶対禁止。怒鳴りつけることも暴力ととらえられかねない時代なのです。さらに、教室の「あの子」についての研究が進み、激しい対応の仕方が、問題行動を強化することも分かってきています。

なのに、子どもや世の中の変化に対応して変わることのできない先生は、はっきり言って、現場を去るべきだと思います。

若手へ圧力

圧をかけることが重要だと確信している先生は、若い先生方に
「お前のやり方があまいんだ。」
「びしっと言わないといけない。言い方が優し過ぎるんだ。」
等と、圧力をかけてきます。

ベテランなので発言力も強く、周りも口出しできないところがあります。

その結果、学年や学校の進むべき方向がねじ曲がり、子どもたちにとっても、教師集団にとっても、マイナスに働くことがあるのです。

このように自分を変えていけない先生が、教室の「あの子」についての認識を変えることにストップをかけているという例が、ときたま見かけられます。

自分が変えられないから、周りが変わることを阻止しようとするわけです。抵抗勢力だとも言えます。

自己改革には痛みを伴う

「これまでの自分のやり方では通用しないんです。」

ベテランの方から、そういう相談を受けることが増えてきました。

ここに悩みを持っている先生は素敵です。自分を変えようという意思を持っているからです。

しかし、なんとか変えようと努力するけれども、ベテランにはなかなかできないものなのです。

自分のこれまでのやり方を変えるというのは、厳しいことです。これまでうまくいっていた経験があればあるほど、それを手放すには痛みを伴います。

勇気もいります。

変えたら必ずよくなるかどうかも、まだまだはっきりしません。その中で自分のやり方を変えていくのは、本当に勇気のいることなのです。

でも、僕はその中で変えていこうと努力されるベテランの先生に敬意を表するとともに、なんとか良い道を共に考えていきたいと思っています。

（多賀一郎）

2 現場で起きていること②

■特別支援教育とインクルーシブ教育

しばしば特別支援教育とインクルーシブ教育が、ほぼ同じ意味で使われているのではないかと違和感を抱くことがあります。

確かに重なるところはありますが、それは決してイコールではありません。

特別支援教育は、主に「個」をターゲットにしたストーリーを紡いでいきます。

もちろん周りの関わりも考えながら、個への支援を中心に考えていきます。

その一方で、「インクルーシブ教育」は、環境や集団のストーリーを紡いでいくことです。

何人もいる「個」も含めた全員が、その特性を認められつつ、より安心して、それぞれの力が発揮できるような環境や集団の「在り方」や「システム」をいかに作っていくかという文脈での話なのです。

もちろん全く別物だというつもりはなく、その環境や集団を作っていくためには、特別支援教育の知識や考え方、対応やアプローチの方法などがかなり大切になってきますし、それがあるか無いかでインクルーシブが実現できるかどうかにもつながってきます。

それでも、やはりそれはイコールではありません。

個を対象にした特別支援教育を突き詰めていけば、やっぱり「個への支援」となり、そこを「主」とすれば、それ以外の個は「従」となってしまうことがあります。

それを突き詰めていくことは「できるだけ多くの場面で一緒に教育を受ける」というイ

ンクルーシブの視点と真逆の「個の抱え込み」につながり、結果「その子にみんなと別の場所で別のことをさせる」ことを志向してしまうことにつながりかねません。

もちろん、個への支援は大切だし、特別支援教育の視点は大事です。

ただ、こと「インクルーシブ」という視点から考えると、子どもたち一人一人が社会を構成している一人だと考えれば、「できるだけ多くの場面で一緒に教育を受けたり、一緒に生活する」という視点を大切にしなければいけないと思うのです。

特別支援教育の知識や知見を大切にしてそれを活かしつつ、まずは「全員が」その教室でどのように過ごしていくか、どのように学習を進めていくかを考えることこそが、インクルーシブ教育というものだと考えられます。

それは、教育の視点というより、より人権的な視点から考えていくことです。

古今東西、いろいろな人権問題の共通点は「搾取」と「排除」です。

特別支援教育が、結果その子が教室からいられなくなるという「排除」につながるなら、それは少なくともインクルーシブには向かっていないし、本来の特別支援教育の文脈としても不本意なものでしょう。

「みんな」がそこにいる。

そこをまず基本にして「じゃあどうするの」「何をどこまで変えていくの」と考えることがインクルーシブ教育のスタートになるのではないかと僕は考えています。

■「セオリー通り」を通常学級で実現することの難しさ

『支援が必要な子』の対応に追われて、学級運営が難しい」という声をいろいろなところで聞きます。「確かに」と感じることもあれば、「本当にそうかな」と感じることもあります。

正直、通常学級にいる子に対しての支援は、個別の支援の観点から言えば「セオリー通り」だと思います。ものすごい飛び道具があるわけでもなく、日常的な関わりの中で、その子の苦手なことを取り除いたり、少しでも安心してできるように配慮したり、もとより安心できる空間を作ったり。

私は毎年のようにかなり支援が必要だと言われる子がいる学級を受け持っています。はじめはいろいろと配慮したり、対応がうまくいかなかったりすることもありますが、時間が経つにつれ、いつの間にかそれなりに落ち着いて生活し、学習することができる状態になっていきます。ある年半年ぶりくらいに私の教室を見に来られた教育委員会の方が目を丸くして絶句したことがありました。

「どうやったらこんなに変わるんだろう。」

本当に毎日やっていることはどんな本にも書いてあるような「セオリー通り」「基本的なこと」の繰り返しにしか過ぎないのです。

ただ、それを通常学級の何人もいる中で、そして周囲の子の見る目がある中でやり続けることは、実はとても難しいということもまた分かっています。

「支援が必要」と言われている子達も、支援が必要でない子達と同じように見て、関わることが必要なのは同じです。

ただその中で、支援をするために必須である「見取り（アセスメント）」もしていく必要があります。それを数十人と生活し、学習しながら行うということはそんなに簡単なことではありません。

また、ある程度の効果的なアセスメントには基本的な知識も必要です。ただ単に「特性について分かっている」だけではなく、校種や発達段階を考慮した授業方法や学校生活での過ごし方などもある程度理解していないと、専門知識があってもそのアセスメント自体がぼやけてしまうこともあります。

今の学校に、そうするための余裕もなければ、そこまでの専門知識を持っている方が常駐しているということは、まず無いでしょう。

そういう「いったいどうしたらいいのか」を解決していく見通しが、今もまだ持ちづらい面があると感じています。

ただ、これからの学校のあり方を考えていくときに「ゆるやかさ」をもう少し学校に取り入れることで、ずいぶん改善するのではないかと考えています。

その具体的な手立てとしては「協同学習」（第三章）であり、「受容共感協同型の学級経営」（第四章）であるとわたしは考えています。

支援が必要な子も含めて、「昔と今の子どもは違う」と言われます。そして、その背景となる社会情勢も大きく変わっていて、これから子どもたちが育っていく「世の中」というものはさらに変わっていくでしょう。

ならば、授業のあり方や学級経営のあり方を見直していく時期にきているのではないでしょうか。

■「排除」されている子どもたち

特別支援学級に在籍している子ども達に対する指導や支援は、果たして本当にその子どもたちの困り感からスタートしているのかと感じることがあります。

授業者の「自分の授業のしづらさ」からスタートした困り感だとすれば、それは少し本来の目的とは異なってくるように思います。

支援が必要だと言われる子達は、授業でいったいどのような不適応な行動を示しているのでしょうか。

例えば「ずっと喋りたがる」「じっとしていられない」「見通しが持てない」などが大きなものでしょうか。

もしそうならば、「ずっと喋っていい授業」、「動いて良い時間を子どもたちの様子に合わせて授業計画の中に入れた授業」を試してみてはどうでしょうか。見通しを持ちやすいように「パターン化した授業」や、毎回「『具体的な見通し』を最初に示した授業」を試してみてはどうでしょうか。

もしかしたら、そういう授業をすることで、彼らにとって望まざる（もしかすると必要のない）支援学級への入級はかなり少なくなるかもしれません。

ただ、そういった枠組みさえも疑っていくような試行錯誤無くして「自分たちの授業がやりづらいから、支援学級で」というなら、それはある意味、教師にとっての「排除」かもしれないと思うのです。

子どもやその保護者にとって「支援学級入級」はそんなに簡単な決断ではありません。その決断の前に、いろいろな手立てを試してから（これは、支援学級への入級後にも役に立つ）、それでも支援学級に入った方が「その子のため」なのかを考えるべきだと考えています。

■教員と子ども、保護者の意識の乖離　今そこにある「差別」

「支援学級に入級すること」に対して、当事者や当事者の親である教師を除いて、「事務的な意味」しか持っていないのではと感じられる例があります。

確かに学校の中だけで言えば、通常学級から籍を移し、通常学級に比べて格段に人数が少ない教室で学習する「だけ」という話なのかもしれません。

こと学校だけに限って言えば。いや、授業時間だけに限って言えばそうでしょう。

しかし、支援学級にいる児童に対して差別意識を持っている子どもや保護者が存在していることは理解しておかなければなりません。

そのような意識は表に出てこないかもしれません。

しかし、だれかの心のどこかに確実にあります。

では、どうするか。

通常学級の子どもたちの、支援学級の子どもたちに対する理解が必要になるでしょう。

それは「かわいそう」という文脈ではなく、個々の尊厳の問題、個性の問題、困っている人がいたら助けるという基本姿勢の問題。それに加えて、学校全体で保護者や地域に対する啓発の問題などです。

そのためには、何よりも支援学級に入ったその子が以前よりも確実に幸せに過ごし、そして力を付けていく様子が分かるように、教師が頑張るしかないのではないでしょうか。

そんなの学校だけの問題じゃないと言われる方がおられることも理解していますが、それでも子どもの人生にかかわる選択を学校が強く関わって行っているということを考えると、それはやはりできる範囲ではあるかもしれませんが、大切にしていくべき考えなのではないかと思います。

■個別の支援が排除につながる

通常学級にいて、ついつい支援が必要な子に関わりすぎてしまう例があります。これがやっかいなことに「手を出しやすい子」（おとなしく支援させてくれる子）に関わりすぎることが多いように思います。

ただ、それが「この子はできない子」というマーキングにつながっているかもしれないという意識はあるでしょうか。

大人がずっとその近くにいることで、子どもたちの中には「この子は特別」という意識ができます。

さらに言えば、ずっと大人がいて支援していると、当たり前のように友達を助けに行っていた子達が、そこに入れないということも実はしばしば見る光景です。

そうやって特定の子に関わり続けることが、子どもたちのよくない意味での「特別感」につながり、結果的にその集団からの排除につながっていくことがあります。

支援が必要な子のそばに「大人が居着かない」ということは、他の子どもたちのナチュラルサポートを促すためにとても大切にしないといけません。

教室で支援が必要なのは特定の子だけではありません。支援に入る大人には、支援が必要な子への支援はもちろん、そうでない子も含めて、「色々な子に関わろう」という意識をもつことがとても大切だと考えています。

■学力テストとスタンダードとインクルーシブと

「学力テスト」が教育現場で大きな意味を持ち始めた辺りから、それまで教室にいた子たちが、いなくなっていったのは気のせいでしょうか。

「学力」(僕自身はこの「学力」はまだそれでも従来型のペーパーテストを中心とした「狭い学力」だと考えている)を向上させるために始めた様々な取り組み、もっと言えばその一連の流れの中でクローズアップされたいろいろな場所での「スタンダード」によって、それに合わない子どもたち、合わせようとして不適応を起こしてしまった子どもたちが、目の前からいなくなった、と感じています。

「学習スタンダード」が悪いというつもりはありません。授業の見通しを持つことにもつながり、支援が必要とされる子の助けとなる場合もあります。

ただ、それが合わない子どもたちもいるということ、そしてそれを厳密に運用しようとすることで退屈さや窮屈さを強く感じる子も少なからずいます。

「スタンダード型」の授業しかしていないと、その授業スタイルに合わないということが、教師目線では「授業そのものに困難さを感じている子」として捉えられてしまいます。そして、子ども自身が授業に対して嫌だ、僕はできないと感じる可能性があるのではないでしょうか。

そう考えると、学習スタンダードを疑い、色々なスタイルの学習を試してみる必要があると私は考えます。

勉強ができないのではなく、その授業スタイルだと学習そのものに入っていけない可能性もあるのです。

※「学習スタンダード」とは、自治体などで統一された「教え方マニュアル」のようなものであり、特に「めあての提示」「まとめ」など授業の流れを統一することに重きを置かれた（あるいはそのように運用された）ものである。

■昔の力がある教師は「あの子」を中心に学級を作った

「支援が必要な子」と捉えてしまうことで、その子をなんとかその教室で活かそうと工夫すること自体が減ってしまうのではないかと感じることがあります。

昔、特別支援教育という言葉がなかった頃、今、支援が必要だと言われている子の中には当たり前のように教室にいた子が少なくないと思います。

もちろん「昔のようなみんな一緒に」が良いというつもりはありません。

特別支援教育が世に広まるまで、その力を発揮することも、伸ばすこともできないまま、「そこにいた」ケースも多かったのではないかと思います。

特別支援教育はそういった特性がある子達の本来の力を発揮できるようにしたり、様々な力を伸ばしたりすることにつながっていると考えます。また、正しい理解も進んできていて、そういった子どもたちの生きやすさにつながっているという面はとても大きいと思います。そう考えると、特別支援教育や特別支援学級は大きな価値のあるものだと思います。

ただ、その一方、その教室でできるだけのことをしようという粘りのようなものが薄れていると感じているのは私だけではないでしょう。

昔の力のある教師は、そういった子もいた上で「良い教室」を作っていました。

もちろん、時代背景や社会も違えば、親も子どもも昔とは違います。昔に比べて、それは容易ではなくなっているかもしれません。

しかし、それでもなお「その子」が、この教室に居心地良くいられるようにしたり、力を発揮する場をできるだけ多く設定するという意識はやはり持っていたいと思います。

それは理想にしか過ぎないかもしれません。しかし、実際に交流する場面も少し前に比べると増えてきていて、きっとその理想をもつことは少し違う形になるかもしれないけれど、きっと役に立つと考えています。

また、そういう意識はその子だけでなく、他の子どもの意識を変え、グレーゾーンと呼ばれる子も含めて他の多くの子を救うことにつながると私は考えています。

■過支援――支援は過ぎると余計な刺激となる

支援に入る先生や支援員の方は、子どもたちの役に立ちたいと強く願っています。

また、数十人を一度に相手にするよりも、対象の子どもが少ないため目が行き届き、手もかけやすくなります。

これはもちろん良いことです。

ただ、それがその子にとって過ぎたものになると、逆にその子が落ち着かなくなったり、自己肯定感を下げてしまうことにつながる場合があります。

そもそも色々な刺激に反応してしまう子に、ついついあれこれ関わってしまうことによって、逆に落ち着かなくさせてしまう「支援」もありうるのです。

以前、全校集会などで支援の先生がずっと横にいて、動く度に注意していました。その子はずっと落ち着かないばかりか、その動きはどんどん大きくなったり、頻度が増えたりしていきました。

そこで、「横にずっと座っていることをやめて、必要な時だけそばにいってそっと前を向くように促してみませんか」と伝えました。するとみるみるうちにその子の動きは少なくなり、いつの間にか支援する必要がなくなってしまいました。

おそらくこの場合は、支援が不必要な刺激となり、結果的に不適切な行動につながってしまっていたのだと思います。

視覚支援も同様に、過支援につながりやすい支援だと思います。

視覚支援が良いのは確かですが、視覚的にいろいろなものを示そうとしすぎて、いろいろな掲示物を貼ってしまう場合があります。

そうすると、結果的に情報量が多すぎてその子が「どれも重要でない」と感じて効果がなくなってしまうならまだしも、過刺激につながり逆に落ち着かなくなってしまう場合もあります。

「支援に入ったが故に教室が荒れる」という状態は気付きづらいかもしれませんが、案外少なくないと思います。

人が何人も入れ替わり入ることによって、刺激に弱い子や突然に弱い子が落ち着かなくなるということもあります。

また、その子ができる状態なのに、ついつい手を貸してしまうケースもあります。必要以上の支援を行うことで、本来つけることができるはずの力を逆につけさせなくさせてしまい、自立から遠ざけてしまうことさえあります。

特別支援教育だけではありませんが、「ちょっとだけ足りない」状態が子どもたちの成長を促すことは多いのです。

ある程度安心した状態でその子が取り組んでいるなら、支援は最小限にした方が結果的にその子を幸せにすることにつながります。

その子の様子を見て「何もしない」ということも大切な支援の選択肢の一つです。

しばしば「細やかな支援」という言葉が使われますが、こちらがしたいことをあれこれするという意味ではありません。あくまでも相手意識とアセスメント（見取り）あってこその「細やかな支援」なのです。「見守ること」「待つこと」「気配を消すこと」「励ます」ことは直接的な支援には見えないかもしれませんが、状況によっては、これらも「細やかな支援」なのです。

今している支援が、本当に子どもたちにとって価値があるものかどうか。その日の状態によっても変わってきます。また、ある程度の期間を経たその子の変化によっても変わってきます。

過支援につながっていないかどうか。本当に適切に支援ができているかどうか。常に自分に問いかける必要があります。

■成長を待てない

子どもの成長を様々な場面で「そろえる」ことは、指導のしやすさにもつながり、また子どもも一体感を感じることができ悪いことではないのですが、それが過剰になりすぎると、子どもたちの成長を待つことができません。

世の中には責任感が強く、子どもを伸ばしてやろうという情熱を持った先生方が本当に多いと感じていますが、その一方でそれが故に「今年度中になんとかしよう」としすぎてしまい、子どもの心をへし折ってしまうということも考えられます。

もちろんそういった「情熱」はとても大切だし、私自身も絶対にこの子を伸ばしてやろうという執念にも似た感情を持っています。ただ、それは「みんな一緒」ではなく、その子に合わせた目標設定にしないとかえってマイナスに働いてしまいます。

少年期、青年期は大人になる「通り道」にしか過ぎません。

その長い長い成長の中の一年で、全員が同じように成長していくことはありません。そもそも特性が濃い子も薄い子も含めて、同じ年齢でも同じように発達している訳ではありません。

もしかしたら、「今年は思ったところまでいけなかった」と感じることもあるかもしれません。それはそれで自分の課題として持っておけばよいのですが、それでも、ほんの少しあきらめつつ、その子の（将来の）成長に期待した方が結果的に良いケースも多いのです。

大人になった彼らに会うと「あれ、ずいぶん落ち着いたな」と感じることがあります。大きくへし折られなかったからその子なりのスピードで、その子なりに成長していくことは多いでしょう。

人生は長い。成長の時期も長い。そしてその時期にその子が接したいろいろな場面や環境や人に出会って変わることもあります。

そういった「可能性」があることを忘れずに、それでもなお毎日精一杯子どもを伸ばしていくことをあきらめないでいようと私自身いつも考えています。

■チューニングできないのはどちらか

こだわりが強い子がいます。

自分の思いが強すぎて、柔軟に考えられなかったり、人の考えを受け入れられなかったりすることがしばしばある子達です。

それをラジオのようにチューニング（調整）できるようにするというのは、そう簡単ではなく、多くの場合本人が一番傷ついていると私は捉えています。

ただ、そういう場面で対応している「大人」はどうでしょうか。

ほんのちょっと「自分の当たり前」や「こうするべき」から離れて、一度その子の感情にチューニングしてみているでしょうか。

案外、「いや、この子が考えを変えないと」とかたくなにチューニングしない人や、自分自身のチューニングそのものができないこともあるのではないでしょうか。

結果、どちらもチューニングできず、理解し合えず、物別れでおわってしまい禍根を残してしまうケースがあるように思います。

■背景の理解を妨げる三つの言葉

「甘えている」「わがまま」「愛情不足」

特別支援教育が世に広まり始めた頃から、上の三つの言葉は子どもの背景を見づらくするということを、いろいろなところで教えてもらいました。

そういうケースが無いとも言い切れないのですが、特性理解という面でいうとそこに重きを置いた時点で本当にいろいろなものが見えなくなってしまうと感じます。

そんなの知っているよとつぶやいている方もおられるでしょうが、やはり大切にしたいのであえて書いてみました。

もしそれでも最初の三つの言葉が出てきたら、「それで私たちができることは？」と言葉をつないでみます。それは、支援につながる一言です。

■「発達障害だから仕方ない」というあきらめ

授業の中でその内容を教えながら、対応と支援に終始していると、その子の「その場」に注視してしまいがちです。

しかし、その場で判断するのではなく、その場でできるようになることと、長い期間かけてできるようになることを分けて考えます。

それは似ているようで別のものだと考えます。

もともとの能力を向上させていくという視点を持って、少しずつ少しずつそこをターゲットにして方策をとっていく。そのような「療育」的な視点で子どもに関わっていくことで、子どものもともとの能力そのものが大きく向上し、それまでできなかったことが色々できるようになってきて、それまで必要だった支援がいらなくなることもあります。

また、環境を調整することも同様で、その子の「それまで」を変えることにつながります。

支援が必要な子が持っているのは「傾向」です。

もともと持っているその傾向が大きく変わることは難しいかもしれません。（そして、それは変える必要のないものかもしれません。）ただ、少しずつそこに対応する方法を覚えていくことで、その子が常により学習や生活がしやすい状態での心や行動の成長もまた期待できるのです。

その場の支援だけでなく、その子の目の前にある状態をよりその子が困り感を感じないように調整していったり、伸ばしていったりすることも合わせて考えていくことで、月日が経つごとに子どもも先生も楽になっていくことは多いです。

あの子は「発達障害だから仕方ない」というあきらめにも似た意識はないでしょうか。障害がある子も、そうでない子も適切な支援や指導があれば、必ず伸びていくものなのです。

■特別支援学級がただの「少人数学級」になってしまっていないか

特別支援学級に在籍することで落ち着くことは多いと思います。

ただ、支援学級に在籍することのデメリットを考えたときに「単に人数が少ないところで手厚く学習を支援してもらえる」だけに止まって良いのかと考えます。

友達との関わりの少なさや、それによって得られる経験や、科学的な視点も含めての成長など少人数での学習によって、通常学級にいることによって得られるものが得られなくなることも考えられます。

また、学習障害などに対して具体的な手立てを打たない状態で、「少人数だからできる家庭教師のような支援」だけなら「特性理解」の上で行われる「特別」な教育である必要はありません。

「特別な支援」ならまずはその子がどういう状態なのかということを把握しないといけません。つまりアセスメントが必須です。もっと簡単に言えば「見立て」が必要です。

医療に例えると分かりやすいでしょう。

大して診察もせず「病は気から」と言われたら？

あるいは「良い薬が今あるからとりあえずそれ飲んでみる」と言われたら？

おいおいちょっと待てよと思いませんか。

まずはよく診察してもらい、よく分からなかったらさらに診察してもらい、そこでその人に「必要な薬」を出したり、治療をしてもらいたいと思いませんか。

その診察に時間がかかるようなら、ひとまずその人が困らないような治療をしますが、それが効いているかどうかを考えながら、さらに様子を見て治療をしていってほしいと思うでしょう。

個への支援も同じです。まずは子どもの様子を背景や流れも含めて見る。

その上でその時に必要だと考える支援を行う。

よく分からなければ、その場で少しでもその状態をよくするような、オーソドックスな支援や環境調整を行う。

その方法が合っているかどうかを日常的に見極めながら、その方法が合っていれば継続する、合っていなければひとまずやめて、別の方法を試行する。

個への支援を意識しはじめる最初の頃は、知っている「方法」少なくて、その方法は合っていないのに、ついつい「目の前にある方法」「手軽にできる方法」にこだわってしまい、うまくいかないことがあります。（これは、状態が悪くなることだけでなく、手立てを打っているのに状況が変わらないことも指します。）

最善の支援を行うためには時間も手間もかかります。しかし、その子への細かい見取りをもとにした、その子にあった支援をしていくために、少人数で学習をし、生活をしていき、その子の未来にとって必要な力をつけていくことが本来の個への支援だということは忘れてはいけないと思います。

少人数での学習になっただけで、子どもたちを色々な刺激から遠ざけることができ、何人も同時に学習する教室ではできない手厚い学習支援によって、できることも増えていくでしょう。

しかし、それだけだと単なる少人数指導と大きく変わらないのではないでしょうか。子どもの様子をつぶさに見取り、分析し、それを修正しつつ、その子のスペシャルニーズに合わせた支援を模索し続ける。そして、その人生を支えることにつながるヒントを次年度以降に渡していく。

それこそが、個への支援であり、特別支援学級の本来の役割だと考えます。

■叱責をしないですむ教室に

支援学級における個への支援の最大の利点は「叱責をしなくてもすむこと」だと考えます。

支援が必要な子どもたちの多くに見られるのは、自尊感情の（圧倒的な）低さです。

そういう子達にとってまず必要なのは「叱責が少ない居場所」です。

多くの場合、数名の子ども達に向けた支援は、多くの子ども達が同時に学ぶ通常学級と比べて、その子（達）のためだけに時間が使えるという利点があります。

また、失敗してもつい気になってしまう「他者の眼」も圧倒的に少ないのです。

そんな場所ですから、極力叱責をしないですむことを大きな目標にしていく必要があります。

では、どうすればいいのか。

それは、まず大まかな見通しを持たせることです。つまり、ものごとの「全体像」を示すことです。ただ活動を示すだけでなく、それがうまくいった場合、うまく行かなかった場合、どうするかというところまでを含めた全体像です。

支援の基本は「先回り」です。

私たちがその子を理解し、その子に起こりうる様々な事がらを想定する力がつけばつくほど、先回りすることができ、失敗することが減ります。失敗することが減れば、もちろん叱責は減ります。そして、もし失敗してもそれはそもそも想定済みであるか、支援者としての想定不足でもあると理解できるので、叱責対象になることは少ないでしょう。

また、その子（達）しかいないから、周りの目を気にしないで求めるレベルを下げることができます。そのレベルはその日によって変わってくるので、それも他の子の目を気にしないで変えることができます。

「今日は○○できるように頑張ろうか。」

適切にレベル設定をし、もし通常学級ならみんなの手前とがめないといけないこと、叱らないといけないことも、もしかしたら「よく頑張ったね」に変わるかもしれないと思います。

もちろん、調子に乗ってしまって失敗してしまうこともあるかもしれませんが、予めルールややることなどのフレームを分かりやすく示しておけば、それは叱責ではなく、「何するんだっけ」「ちょっと違うよ」と伝えるだけで終わることも多いと思います。

■時間割が組めない

どの学校も一昔前に比べて支援学級が増えてきました。支援員さんの姿もずいぶん多くなったと感じます。一つの通常学級の中に、二つとか三つの支援学級に在籍している子が交流学習に入ってきても、それぞれの学びが大切にされるようになってきています。

個への支援、と考えるとそれは確かに喜ばしいことなのですが、その一方で増えすぎた支援学級に対応するために、時間割を組むのがとても難しくなっている学校がたくさんあります。時間割を組むこと自体も難解なパズルを組み立てるようでありますが、さらに時間割の変更があると、どうにもならなくなる状況があります。場合によっては支援学級の子どもたちに支援をベースにした学習が提供しづらくなるケースもあります。

これは一概に良い悪いとは言い切れないことですが、子どもたちを「分ける」ことによって起こるデメリットであると感じます。

これが「個への支援」「個別最適化」という個人の支援を中心にして考えると、もっとたくさんの教員を現場に、となり、教室の子どもたちをより細かく分けて、そこに教員がついて、という方法になっていきます。

個の学びやすさということで考えるとそれはそれで間違いではないと思いますが、教室や教員の余裕がない現状では時間割を組むにあたって日常的な困難さがつきまといます。

逆に「インクルーシブ」発想で、特性が強いお子さんも一緒に学習する機会が増えれば、その辺りの困難さは少なくなると考えます。

ただ、繰り返しになりますが、どちらが正しくて、どちらが正しくないかという判断は難しいのですけれど。

■それでも特別支援学級という選択肢を排除しない

第一章で記したように本書は「特別支援教育」ではなく、だれもが同じ教室で学習し、生活していく「インクルーシブ教育」をテーマに書かれています。

ただ、だれもがずっと同じ教室で学習し、生活するという「フルインクルーシブ」を志向することが、本当に子どもの幸せにつながるかどうかを考えないといけません。

私は基本的には、だれもが同じ教室で生活し、学習することを志向しています。ただ、それが時と場合によっては、現実を見ない幼い理想を振りかざすことにつながる可能性を含んでいることも分かっています。

教室にずっといることによって差別が生まれたり、助長されたりしないか。その子が支援学級に在籍することでつけることができる学力や生活力を、インクルーシブにこだわるあまり身に付ける機会を奪ってはいないか。支援学級に在籍することで本来なら身に付けられるものと、通常学級にいることで身に付けられるものを比べてそれでも通常学級がいいのか。

特に通常学級で得られる人間関係の作り方や経験、そして級友としてより身近に生活を共にする多くの存在を得ることは、もしかしたら算数や国語ができることよりも大きな意味を持つ可能性があるのではないか、と私は考えています。

しかし、それでもなお、そういうことを考えた上で、その子にとってよりよい形で特別支援学級に在籍するという選択肢を排除してはならないと思うのです。

少人数だからできること、自立活動の時間があるからできること、日常的に療育的なアプローチがあるからできること。そういうことを必死で考え、実行している先生がいる特別支援学級に在籍するということもまた、その子どもの幸せにつながります。

インクルーシブ教育のゴールは、インクルーシブ教育を行うことではありません。

一人一人が、その教室を、その学校を離れた未来でより幸せに暮らせるような力を付けていくことが本当のゴールなのだと思います。

そして、そのためのインクルーシブ教育の実現でありたいと思います。

（南　惠介）

第二章　子どもたちを見ているのか？

子どもたちをよく見ているのだろうか。

十把ひとからげにして、「こういうタイプだ」ととらえていないだろうか。

子どもを見る観点と言うものを持っているのだろうか。

1　ユマニチュードから学ぶ

ユマニチュードというのは、認知症患者のケアについての方法です。今、介護現場において、広まりつつあると言われています。

認知症患者がよく看護師や介護士に暴力を振るわれたり、拘束されたりということが問題になっています。その方々の立場からすれば、食事が終わった直後でも「まだ、ご飯を食べていない！」等と言って暴れる患者さんの場合、みんなで抑えつけないと仕方がないという感覚があるのです。

ユマニチュードは、そうした認知症患者に対する介護現場での対応の仕方を示しています。本場フランスで盛んに導入されて、日本にも入ってきた画期的な手法なのです。

認知症患者の対応って、教室の「あの子」が暴れ出したのを、大勢の教師で抑えつけることとどこか重なりませんか？

認知症の患者も、教室のあの子も、同じ人間です。

ユマニチュードが認知症患者のケアに力を発揮するのなら、そのやり方から学ぶことはないのだろうか？　という発想でユマニチュードの方法と学校教育における対応の仕方とを、比べて考えてみました。

まず、ユマニチュードは
「あなたのことを大切に思っている」

ということを伝えるための技術だと言われています。

教室のあの子がよく口にする言葉に
「なんでおればっかり……。」

「私ばっかり言われている……。」

というような言葉があります。

自分は大切にされていない、信頼されていないということを表現した言葉です。

本当に大切に思っていない教師ならば、何を言っても詮無いことですが、多くの教師たちは、その子を大切にしたいと思っています。しかし、実際にやっていることは、注意、叱責、興奮したら強制的に抑えつけるというような否定的な言動ばかりです。

これでは、

「君のことを大切に思っている」

ということは、メッセージとして子どもに伝わりません。

このことを伝えるには、どうすれば良いのかと考えましょう。愛情さえあれば、いつか伝わるだろう等というのは、甘い考え方だと思っています。

「私は子どもを愛しています。」

「子どもを愛さない教師なんていません。」

等ということは、誰にでも言えることです。

そうおっしゃる先生がいつも子どもを叱責していたら、何かあったときに、怖い顔で制止してばかりいたら（もちろん、仕方ない場合もあるということは、分かっています）、それを「愛」と呼んでも良いのでしょうか。

愛していると伝えなければ愛を感じることはできないのです。

「愛があれば、きっと通じる」

ということも、ないと思います。

愛されているという実感が大切なのです。愛の感じられない子どもは不安定になります。

愛は見えるものです。

愛は聞こえるものです。

愛は触れることもできるものなのです。

子どもたちをちゃんと愛しましょう。その愛の伝え方がユマニチュードなのです。

■ユマニチュードの四つの柱

「見る」「話す」「触れる」「立つ」の四つがユマニチュードの柱とされていますが、このうち「立つ」ことは、教室のあの子の対応には関係がないと考えています。従って、その他の三つの柱、「見る」「話す」「触れる」について考えていきましょう。

(1) 見る

「相手が認識している視野に正面から入っていかないと、気が付いてもらえません」

ユマニチュードでは、視線を合わせていくのですが、

「正面から、近く、水平に、長い時間見る」

ことが大切に思っていると伝えるメッセージになると考えています。

「相手の視線をつかみにいって、相手の目の中に映る自分を見つける」

ということなのです。

教室のあの子が興奮して暴れ出しているとします。周りが危険な状態になっていたらいざ知らず、うるさいとか、泣き叫んでいる程度ならば、まずは視線を合わせるのに努めま

しょう。

視線が合わないのに、相手に「あなたのことを大切に思っている」と伝えることなど、到底できません。

子どもの正面から、できれば笑顔で少しずつ近づいていくのです。

穏やかに「見る」ということが大切です。視線が合った時に、眉毛の吊り上がった怖い顔をしていたり、無表情であったりしたら、相手はどう捉えるでしょうか？

やはり、穏やかな笑顔で視野に入るということが大切なのだということです。

ところが、子どもが問題行動を激しく起こしていると、なかなかそうはいきま

せん。先生もかっかして時には大声で怒鳴りつけながら、制止しようとしてしまいます。そんな表情を見せつけて、子どもの心が穏やかに落ち着いていくことは、どう考えてもありませんね。

これでは、子どもが「見てもらっている」とは、とても思えないのです。

(2) 話す

「低めの声で、穏やかに優しく、前向きな言葉を使い、とぎれなく話す」というのが、ユマニチュードの基本的な話し方です。

実際、子どもに対してうまくアプローチして収めることのできる先生を見ていると、まさしくこの通りの声の使い方をしています。

赤ちゃんに親が語る時には、穏やかで柔らかい言葉で語りかけます。その根底には「あなたを愛しているよ。」「あなたを大切に思っていますよ。」というメッセージがこめられています。

DVの親は、子どもに対して自分の思うようにしようとしか思っていません。だから、幼な子がぐずったり泣きわめいたりすると、激しく揺さぶったり、時には暴力まで振るったりしてしまいます。

穏やかに話しかけることなどありません。

もしも、あなたが教室の「あの子」の問題行動に対して、大声でどなりつけたり、ヒステリックに高い声で叱りつけたりしていたら、それは、赤ちゃんに対するＤＶと同じような行為となってしまっているのです。

それでは、子どもが穏やかになれるはずがありません。

子どもに穏やかに話しかけましょう。相手が興奮していたら、なおのこと、視野に入ったところから少しずつ近づいて穏やかに話しかけていくことです。

「あなたのことを大切に思っているのだよ。」

という思いを込めながら。

(3)　触れる

「触れる手は相手にメッセージを伝えている」

「誰かにつかまれたとき、人は自然な反応として
『この人に強制されて自分の自由が奪われている』、
『何か罰を受けている』
ように感じてしまいます。」

ユマニチュードでは、このように相手に触れるときの在り方に焦点を当てています。ですから、ぱっと手をつかむというようなことはしません。

教室の「あの子」が問題行動をし始めたときに、手をつかんで制止しようとすると、それは子どもに「自由を奪って強制的に排除されようとしている」というメッセージを与えてしまうのではないでしょうか。

つかまないで、触れる面積をできるだけ広くすることによって、触れた部分にかける圧力をやわらげるということも考えましょう。手首をつかむというような行為は、脅かしにも似た行為なのです。

日常生活において、相手から手首や足をいきなりつかまれるというようなことはありません。日常生活でいきなり手をつかまれるというような行為は、連行されているような感

覚がするものです。ネガティブな状況でしかありません。

ユマニチュードでは、相手に触れるときには、どの程度の力をかけるかということを考えています。

同じ力で相手を押しても、手のひら全体を使う時と、指先で押す時とでは、単位面積当たりにかける圧力がちがってきます。

「広い面積で、ゆっくり、優しく」触れることが大切なのだと言います。

教室の「あの子」で考えると、子どもが問題行動をとっているときに、いきなり手をつかんだり、圧をかけて抑え込んだりすることは、逆効果です。かえって暴れて逃げようとします。先生の方はそれを暴れたと受け取って、さらに力をこめて抑えようとします。そして、抵抗はますます激しくなります。生命の危機まで感じてしまうのですから、かんだり殴ったりとそれこそ「死に物狂い」の抵抗になっていくのです。

他の先生も抑えつけようとして、手を持ったりします。体を密着してぬくもりを伝えるという発想が欠けてしまいます。

そこまでいってしまうまでに、穏やかにその子の視野に入っていき、話しかけながら近づいていくという方法がとれれば、そして、ゆっくりと視野に入りながら手を出して手を握ることができれば、子どもの興奮も収まるのではないでしょうか？

ユマニチュードは、よく考えてみたら、相手をきちんと人間扱いするということにつきるのだと思います。

教育も同じです。

子ども一人一人を一人の人間としてきちんと正対して、対話しようとする姿勢こそが第一歩なのではないでしょうか。

（多賀一郎）

■参考文献

『家族のためのユマニチュード』　イヴ・ジネスト、ロゼット・マレスコッティ著、誠文堂新光社
「ユマニチュード入門」　イヴ・ジネスト、ロゼット・マレスコッティ著、医学書院

2　子どもたちの姿から読み取る

「子どもたちを見ることが大切」とよく言われていますが、何の視点もなく見ても子どもも理解にはつながりません。

では、子どもの何をどのように見ればいいのでしょうか。そして、子どもを見るということはそもそもどういうことなのかでしょうか。

(1)　子どもの何をどのように見るのか

子どもが不適切な行動をする度に「どうして」「なんで」と怒りにも似た感情を持つことがあるかもしれません。それは、子どもをなんとか良くしようという善意からわき起こる感情かもしれませんが、その「どうして」「なんで」こそ、私たちが「見ようとするべき」ものだと思います。

その「どうして」「なんで」の正体は彼らの「特性」であり、そうせざるを得ない「背景（環境）」であり、繰り返されながら獲得されている「行動」や「認知」であるのです。

「特性」や「背景（環境）」の問題とはどういうものでしょう。

視覚情報が多い、少ないことによって混乱する。見え方に特徴がある。たくさんのことを一度に覚えていられない。説明が長すぎると分からなくなる。音に敏感。不器用で思うようにできないことが多い。見通しが持ちづらく不安になったり緊張したりしやすい。そのようなことが、多くの子どもたちに当てはまるトピックになるでしょう。

そういう特性や背景が分かれば、そこに対してのアプローチは応用行動分析や構造化などの方法論が役に立つはずです。ビジョントレーニングや感覚統合などのアプローチが有効な場合もあります。

ただ、ここに書きながら上記のことを「対応」として行うのはやはり難しいと感じます。ただ、「対応」として行うのは難しいのであって、いつもそれを当たり前に行っている状態にしておくことや、予め計画的に行っておくことでその難易度は格段に下がります。

例えば、視覚情報が多いと困り感を感じる子が確実にいると考えると、教室の前面の掲示物は効果的でありつつも、少なく、簡素なものになるでしょう。

また、「行動」や「認知」の問題は、これは支援が必要だと言われている子どもだけでなく、全ての子どもに当てはまることかもしれませんが、その場に適していない行動を「当たり前の行動」として認識している場合があります。（誤学習）

そして、正しい行動や適している行動を「知らない」場合もあります。

教師はその正しい行動や適している行動を「子どもも知っている」と勘違いしていることから、ボタンの掛け違い（齟齬）が起こっていることは、私たちが考えている以上に多いものです。

そういう場合は、それこそ当たり前ですが、正しい行動、適した行動をなぜそれをするかも含めて説明し、教えないといけません。注意してもいつまでたってもその行動が改善されない場合は、誤学習と適切な行動を知らないということを疑う必要があります。

よく例としてあげられるのが「廊下を走りません」という注意です。正しくない行動に対する指摘だけで改善する場合もあるのですが、改善しない場合は「廊下を歩きましょう」という適切な行動（代替行動）を教える必要があるのです。

さらに怖いのは、「廊下を走りません」という注意と、「それを無視して走る」という一連の行動全体を「当たり前の行動」だと認識している場合もあります。

これも広い意味での誤学習と考えられ、「改善してできるようになった」「できているというのが当たり前」という状態が継続していくようにすることが誤学習を改善することにつながります。

同じように一連の行動を通して判断することで子どもの「本当」が見えてくることもあります。例えば、毎週木曜日のお昼休みにトラブルを起こしてしまう子がいるとします。お昼休みに問題があると考えて、そこだけを見てピンポイントの指導をしたとします。それで改善されればいいのですが、そうではない場合にその「前後」に注目して子どもの様子を見てみると、違った見方ができる場合があります。

例えば、お昼休みにトラブルを起こしてその後の指導でいつも掃除にいかないとしたら。その子が、いろいろな原因で掃除をとても嫌がっていたとしたら。

そういった場合は、お昼休みではなく、掃除に関わる見取りや聞き取りがスタートになる場合があります。また、お昼休みの前の給食時間や木曜日の四時間目の授業がとても苦痛で、そのイライラが原因である場合もあります。

そう考えると、子どものトラブルを一連のストーリー（文脈）でとらえることも、子どもを見る上で大切な要素です。

正しくない、適していない行動の原因は誤学習や文脈だけではありません。

当たり前の行動だと考えている思考が実は正しくないという「認知」の問題もあります。その場合は、そのとらえ方や見方は正しくないんだよと伝えることが必要ですが、ここは実は一番教育としてはアプローチしやすいところであり、実はもうすでにその考え方は教育現場に入って久しいアプローチなのです。

ＳＳＴ（ソーシャルスキルトレーニング）やアンガーマネジメントの実践がそれで、今や多くの学校で知られています。（一時期ほど実践はされていないように感じていますが）そのもともとの考えは「認知行動療法」です。

認知行動療法では、ネガティブなとらえ方をする子をどのように見取り、そして適切な方向に導いていくかを示しています。

例えば自尊感情が極めて低く、「みんなどうせ僕の悪口を言っているのだろう」ととらえがちな子どもに対して、周囲の状況を説明し、俯瞰した視点から「そうではない」ととらえる経験を積み重ねていくことなどが、認知行動療法的なアプローチとなります。

このように子どもの不適切な行動には背景があるという視点をもって子どもを見ること。それこそが、個の支援ではとても大切な基本だと思います。

(2)「子ども」をどのような立ち位置から見るのか

子どもを「どのような立ち位置から見るのか」という視点も大事な視点です。

一番大切なのは、子どもを肯定的に見るという視点。

「この子はいつも問題を起こす子だ」というネガティブな視点から子どもを見ていると、背景を探ることなく「またやって」「なんでいつもこの子は」と考えてしまい、その背景を探るという姿勢が非常に弱くなります。

しかし、「本当はとても良い子なんだけど」「できることがたくさんあるんだけど」というような「そもそも」子どもをポジティブに見ていると、「じゃあなんでできないの?」とその背景を探ろうとする姿勢につながります。

そして、「そもそもこの子は良い子だ」と信じながら子どもを見ることは、子どもに多かれ少なかれ気持ちが伝わることが多いと感じますし、敏感な子ほどそういうことを感じとっていると思います。

そして、肯定的に見てくれていると感じた子は、先生に対しても肯定的に関わろうとすることもまた多いのです。

(3) そもそも「子どもを見ているのか」ということから疑う

働き方改革が叫ばれる中、より効率的に仕事をしようという流れがあります。

多忙すぎる教師という仕事を考えると、それは必要な流れだと思いますが、その一方で事務的な作業に集中しすぎてしまい、子どもそのものを見ていないのではないかと感じることがあります。

例えば、宿題やテストの丸付け。

授業の隙間の時間や休み時間にそれに没頭してしまっていることがあります。

しかし、その結果、教室ががちゃがちゃした雰囲気になったり、いろんなことが起こっていたりしていて、結果的に子どものいろいろな行動を見逃してしまう。そして、その後の対応に時間が取られ、で、さらにいろいろなことがスムーズにいかなくなり、トータルでの時間も増えていくことになってしまいます。

この場合は、何人分かの丸付けをしたら、一回教室全体を見回す癖を意識的につけるだけで違います。

「〇〇さんがいつも気になっています」という先生の授業を見ると、その一時間ほとんどその子のことを見ていなかったということもありました。

問題がある時しか注目しないと、その注目という刺激を無意識に求めて常に問題を起こすようになるという側面も知っておきつつ、まず全員を見ているかということを意識的に確認した方がいいでしょう。

特に通常学級であれば、一人一人の個を見るという感覚だけでなく、全体を眺めるという感覚が必要だと思います。

見方、視点は確かに大切なのですが、そもそも子どもを見ているのかということを、意識してみることが必要です。

(4) その行動は「不安と緊張」が背景にあるのではないかと考える

誤学習をしているかもしれないと考えて子どもを見るというのは大切な視点ですが、もう一つ大切な視点があります。

それは、いけないことは分かっているけれど「どうしてもそうしてしまう」「そうなってしまう」という場合です。

子どもたち同士では「わざとやっている」ととらえられがちな行動がこれに当たると思います。

案外、その背景に本人の「不安感」や「緊張感」が存在する場合が多いのです。

例えば、不安だからつい友達にきつく当たってしまう。緊張しているからつい声を出してしまうという状態です。

また不安や緊張から出る子どもの行動に「チック」があります。

これは「不安」や「緊張」が内に向かっている状態です。

あまり知られていないのが繰り返される独り言（エコラリア）や汚い言葉を連呼するような言語性のチックなどですが、これも不安感の表れだと考えます。

そう考えると「不適切だ」とこちらが判断する状態も、注意するのではなくひとまず安心させて、その不安感の正体を探った上で「どうしたらいいか」を伝えるという一連の関わりが必要になると思うのです。

もちろんおもしろがってわざとやっている場合には注意が必要です。

ただ、もしかしたら不安や緊張を覚えていて、図らずもそういう行動をしているかもしれないと考えると、その子に対する指導や関わりの前に一拍おいて、より改善に向かう指導につなげることができるかもしれません。

(5) 本当に「できない」のか

「この子は算数が苦手」「文章を書くことが苦手」

実際にできないその子はそもそも本当にできないのでしょうか。

実は、今やっている方法が合ってないかもしれないだけかもしれません。

ある年、ある程度まとまった長さの文章を書くことが苦手な子どもたちが何人かいる学級を持っていました。私はいつものように指導して、なかなかできないその子達を見ていて「この子達は文章を書くことが苦手なんだな」と捉えていました。

しかし、毎日行っている日記指導に「なりきり日記」※を取り入れました。すると苦手だと考えていった子達がどんどん書き始め、いつの間にかなりきり日記以外の作文でもかなりの量の文章を楽々書くようになったのです。

「文章を書くことが苦手」だったのではなく、私が提示していた方法が彼らに合っていなかったのです。オーソドックスな方法で学習を進めていくのは悪いことではありません。そして、その子達に合った方法を見つけるということは、口で言うほど簡単ではありません。ただ、あれこれ試行錯誤する中で、それまで提示していた方法で「できない」ととらえていた子が、方法を変えたことによって大きく伸びるということはあるのです。

「もしかしたら方法が合ってないだけかもしれない」と、自分が提示している方法に疑いを持ちつつ、子どもたちに学習指導していくことが必要なのだと思います。

※なりきり日記とは、何かになりきって書く日記形式の作文です。例えば「宇宙人」というお題なら、宇宙人になったつもりで日記を書きます。

(6)あの子は「ちゃんと」していないのか

「ちゃんとやればできる。」

子どもができない時にそう考えてしまうことがあります。そういうことは確かにあるとは思いますが、そうではないこともあります。

そもそも「ちゃんと」とは具体的にどういうことなのでしょうか。

字を丁寧に書くこと？　落ち着いて座ること？　話をよく聞くこと？

その一つ一つが、そもそもその子達にとってすごく苦手なことで、それをすることによって、他のことに注意を注ぐことができない場合があります。また、そもそも「ちゃんと」の中身を具体的に伝えていなくて、分かっていない場合もあります。

そして「ちゃんと」していれば、本当にできるのでしょうか。

学校の先生は自分の子ども時代の学校生活の中である程度「ちゃんと」できて、それなりによくできた人たちが多くを占めているでしょう。

しかし、いわゆる「天才」と呼ばれる人の中には、文字がものすごく汚い天才がいます。読んで理解することは苦手だが、耳から聞いて覚えることが得意な天才もいます。

「ちゃんと」は最大公約数であって、全員に当てはまる訳ではありません。

それでも必要だと考える「ちゃんと」は、具体的に何をすれば良いか伝えて、段階的に教えていけばいいし、どうしてもできづらく、しかも将来的にその「ちゃんと」ができなくても大丈夫そうなら、代わりの方法を一緒に考えながら、本当にできるようにしたい目的が達成できるようにしたいものです。

「ちゃんと」はあくまでも手段であって目的ではありません。目的と方法は分けて考えることが大切です。

(7) あなたがそこにいるから、子どもがそう行動しているかもしれないと考える

子どもたちに話が伝わりづらいと感じた年がありました。

元気に、大きな声で楽しく授業を進める。

これは悪いことではありません。好ましいと思う子達も多いと思います。

ただ、好ましいのと、その子達にとっていい影響を与えることは必ずしもイコールではありません。

活発に動き、大きな声で楽しく授業を進める。

それが、子どもたちにとって刺激が強くて、ある種の落ち着かなさや分からなさの原因となっているのではないかと考えたことがあります。

意識的に声のトーンを下げ、スピードを落としました。

するとやはり子どもたちの落ち着きは増し、授業の理解もよくなりました。

私たちの存在そのものがよくも悪くも、子どもたちにとっては「刺激」となります。

声の大きさ、トーン、動き方、表情の作り方、しゃべり方の癖、笑い方、まなざし、その子に対しての立ち位置、口癖。

その全てを精査することはできませんが、ふと思い当たることもあります。

そして、それは子どもたちの反応からしか判断できないことなのです。

人を変えるのは難しい。自分を変えるのも難しい。しかし、まだ自分を変える方が簡単です。そして、自分が変わることで時間差はあるかもしれませんが、子どもも少しずつその表し方を変えていくのです。

(8) オールマイティにできることを「是」としない

「そろう」「そろえる」

教室の一斉指導を行う上で、必要なことだと思います。ただ、不可欠ではありません。ことインクルーシブという考え方は、「そろう」「そろえる」ということから遠いものです。

インクルーシブは枠組の問題です。どこまでその枠組を広げられるのかというのは、様々な条件によって変わってきますが、ただ、その中でそれぞれが多様性を担保されるということがインクルーシブの基本的な考え方と言って良いでしょう。この辺りは大多数が行っていることや、今までと同じことを、より容易に多くの人にできるようにするというバリアフリーや、ユニバーサルデザインと少し考え方が違います。（左下図）

学校ではいろんなことをします。そして、そのどれをもそつなくこなす子が一定数いるのも事実です。

しかし、Aをすることはすごく苦手だけれど、Bをすることは人が驚くほど上手で、そして没頭してのめり込む子もいます。だからといってAをするように促さなくても良いというわけではありません。やってみようと言葉をかけ、頑張ったプロセスに対しては評価します。ただ、必ずしもできなくてもいいと考えたいと思います。

もしかしたら、その「B」は、今の学校や、もしかしたら今の社会には必要がないと感じることかもしれません。しかし、世の中の変化のスピードは速く、そして子ども達の生きる未来は私たちが想像しているよりも

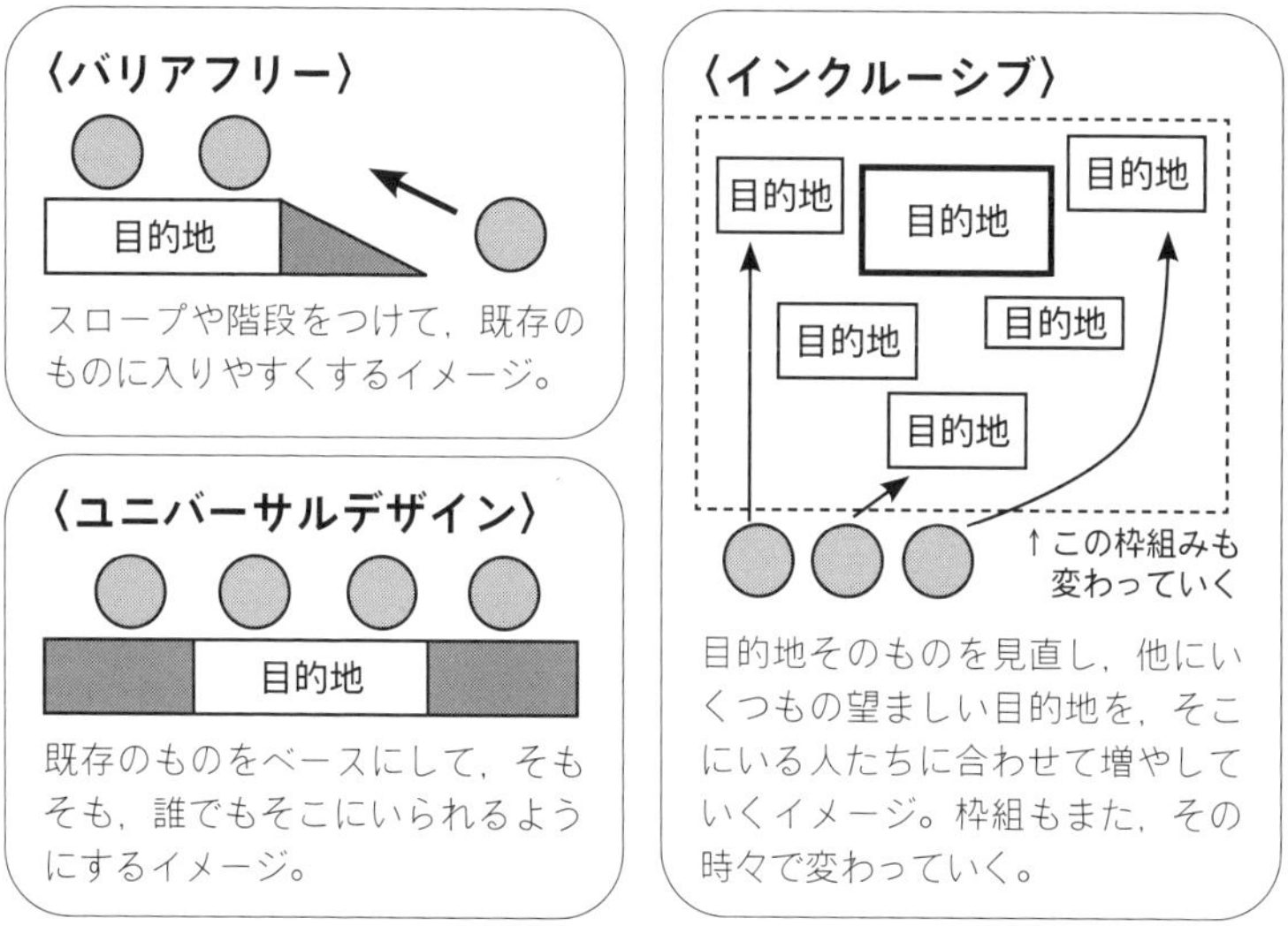

〈バリアフリー〉スロープや階段をつけて，既存のものに入りやすくするイメージ。

〈ユニバーサルデザイン〉既存のものをベースにして，そもそも，誰でもそこにいられるようにするイメージ。

〈インクルーシブ〉目的地そのものを見直し，他にいくつもの望ましい目的地を，そこにいる人たちに合わせて増やしていくイメージ。枠組もまた，その時々で変わっていく。

〈うどんを食べるのに「箸」を使おう〉

・バリアフリー「今の箸をもっと使いやすくしよう」
・ユニバーサルデザイン「みんなが使いやすい箸をつくろう」
・インクルーシブ「箸じゃなくフォークは？」「いっそのこと手づかみは？」

もっと違う価値が生み出されている可能性があります。
そして、何よりもでこぼこだから人は面白い。
そうとらえると、子どもの見方がそもそも変わるのではないでしょうか。

(9) 本当にそのアプローチに価値があるのかを問う

授業中子どもが落ち着かず、授業妨害につながるような不適切な行動を繰り返す子に対して頻繁な注意をしたり、圧をかけるように常に近くにいたりする方法を使う場合があります。

それで、子どもが落ち着く場合ももちろんありますが、逆に刺激に対して敏感な子どもたちがそれによって落ちつかなくなることがあります。

それだけならまだしも、横にいるにも関わらず落ち着かない行動に対して何もせず、子どもが「先生が横にいても、何もないからこれでオッケーだ」と誤学習させてしまう可能性さえあります。

この例に限らず、その子に何かアプローチすることで本当に状態が改善しているかどうかを見ることが大切です。

自分のアプローチを肯定し、そこで子どもの変化をつぶさに見ずに終わってしまうなら、そのアプローチは大きくの価値を失ってしまうでしょう。

自分の支援や対応は価値があるのでしょうか。

自分がやったことに注目するのではなく、その後子どもがどう反応したかに注目しましょう。そうすることで、本当にそのアプローチに価値が出てくるのです。

⑽ 水面に広がる波紋の如し

前年度、「すごく困った」と言われていた子どもが、今年違う担任の先生が受け持ってみると全く目立たなかったということを見聞きしたり、実際に経験したということはないでしょうか。

その逆の事例ももちろんあるでしょう。

ずっと「困った」と言い続けられるケースももちろんありますが、同じ子が前年度とかなり違う姿を見せるということも、しばしばあります。

先生と学級の子どもたちが「合う、合わない」という話になることがあります。

もちろん、教師も人間ですし、それぞれのパーソナリティは違います。また、学級の子どもたちにも個性はあるでしょう。その相性によってうまくいく、いかないということもも現実的にはあると思います。

ただ、プロフェッショナルとして「だから仕方ない」と片付けてはいけないと思います。子どもは、教師の作る空気感の中で、教師のほんの些細な行動に影響を受け、それに対応する形で自己表現をしていきます。

それは、さながら水面に対して石を投げ、波紋ができるように。

その波紋が隣り合った波紋と美しいハーモニーを奏でるのか、それとも大小の石をところ構わず投げ続けて、水面が大きく荒れてしまうのか。

それは、もしかしたら私たちが投げる「石」によって左右されているのかもしれないなと思うのです。

もちろん、そもそもが大きな雨や風で、大きく水面が波立っているということもあるかもしれません。そういう場合は、石を投げるのではなく、じっとそこに居て「待つ」ことが、最良の選択肢となるかもしれません。

ただ、一つ言えるのは子どもは私たちのあり方や行動によって、その姿を大きく小さく変えていきます。

特に支援が必要な子ほど敏感で感受性が高いため、小さな外の変化で大きくその姿を変えていきます。

子どもを見る。

言葉としては簡単ですが、それは私たちのあり方や行動とセットで考えるべきものだと私は考えています。

(11) 「自分が」が主語の支援――ある研究会での話

ある研究会の話です。

年間に何回も専門的な知識のある先生が来て、指導をされている学校でした。

その先生は確かに知識も経験も豊富で私自身とても勉強になりました。

そして、授業も提案性もあり、先生も子どもたちもよく頑張っていました。

そう、よく頑張っていたのです。

ただ、「特別支援」がテーマだっただけに、いくつか気になることがありました。

提案授業の事後検討会、参加者の話を聞きながら、私も基本的には肯定的に授業を捉えて話をしていました。

ただ、板書の色と、子どもの使うワークシートが気になったのです。授業を後ろから見ていて、視覚的にとらえることが苦手なため、落ち着きを失いかけていたり、活動に入りづらかった子が見られました。

指導案を見ると、確かに「視覚的に捉えづらい子がいて、視覚支援を大切にしている」と書いてありました。

そこで、事後検討会の中で二つ意見を言いました。

一つは、板書に示された字が、いろいろな色があって分かりやすくしようと意図は伝わったけれど、大切なところが緑色のチョークで示されたのはよくなかったのではないかという意見。

もう一つは、ワークシートに子どもが記入する欄があったが、それに罫線が無く、子どもが書きづらそうにしていたが、やはり罫線は必要だったのではないかという意見。

そのどちらも授業中に子どもたちから出た言葉や、授業後子どもたちに質問して「分かりづらかった」「よく見えなかった」「字が重なって、自分でも分からなくなった」という言葉を受けての意見でした。

もちろん、緑色の文字や罫線が無く枠だけの記入欄がダメなのではなく、逆にそれで問題ない、あるいはそれだからうまくいったということはあるでしょう。

ただ、その時、支援が必要だと教師が感じていた子達にとっては、合わなかったということです。

しかし、その意見に対して「『私たちは』○○先生について勉強を重ねてきた」「『私たちは』よく知っているし、よく考えている」「『私たちは』、○○と考えて、こういう板書やワークシートを用意した」という返事が返ってきました。

教師の「私」や「私たち」が主語に来た時点で、子どもたちの姿は薄れてしまいます。

子どもの姿を見ると言うけれど、まずは子どもが何に困っているかを素直に見ること、そこに対して最善と考える方法をとり、そこに現れる子どもの姿からまた、私たちは学んでいかなければいけないと思うのです。

そう考えると、「私」をいかに排除し、「子どもが」を主語にして指導を考えるかが、本当の意味で「見る」ことのスタートとなるのではないかと思うのです。

⑿ 必要なのは情と知識と理解

子どもを見るために必要なのは知識でしょうか。

もちろん知識は必要です。

例えば、チックは子どもによく見られる症状です。

ただ、それほど知られていませんが、言語として現れるチック症状（汚い言葉や卑猥な言葉、きつい言葉を何度も繰り返す）もあり、知識が無ければ、それはただの「変な子」「嫌な子」にしか見えず、叱責の対象にしかならないでしょう。

しかし、そういったチックは子どもが「不安や緊張」を感じている時に起こります。

この知識があることで、叱責していた人が、安心させるような柔らかい声かけという一八〇度違う対応をすることにつながります。

また、応用行動分析を学ぶことで、その子に対する適切な支援の場面や方法を選択できるようにもなってきます。

知識は大切です。

しかし、それが一番大切だとも思えないのです。

では、一番大切なのは何なのでしょうか。

それはやはり「情」、その子を大切に思う気持ちだと思います。

この子をできるだけ困らせたくない。安心させたい。

その願いがある故に、知識が無くてもその子やその子の背景に寄り添い、その子に合う方法をあれこれ試行錯誤することで適切な支援につながっている例はたくさんあります。

情はガソリン、知識と理解はハンドル。

その子を幸せに近づけようという願いが、結果的に適切な支援に近づいていくことになるのではないでしょうか。

逆に表面的な知識や狭い知識をもとに、その子の状態を決めつけてしまうこと（ラベリング）によって見えなくなってしまったり、結果的に差別的な言動につながったりすることもあります。

知識があることで逆にうまくいかなくなるケースはあると思います。

ただ、だからと言って知識や理解が必要ではないとは言えません。

より正しく背景を知るために、より適切な支援を行っていくために、やはり知識や理解は必要です。

知識や理解に頼りつつ、その一方でそれを疑い、前に進んでいく。

そのバランスが大切なのです。

わたしはしばしば知識や理解を「古いカーナビのようなもの」と例えます。（この例え自体が若い方には理解しづらいものになっていますが。）

知識や理解はある程度の方向性を示してくれていますが、時に道に迷わせ、遠回りをさせ、そして近づくことをさまたげることがあります。

丁寧に丁寧に、様子を見ながら、感じ取りながら進んでいく。

古いカーナビのように「大まかな方向性を示してくれる」知識や理解を活かしつつ、「情」というエネルギーを燃やし試行錯誤しながら進めていくことが、その子にとって本当に大切な支援につながります。

（南　恵介）

第三章　授業が成り立たない？

多様な子どもたちが教室にいる。一人一人に対応するのには、限界がある。
どうしたら、授業が成り立つのだろうか？

1　一斉授業とインクルーシブ教育

今、一斉授業において、以前のように黙って座っていられない子どもたちが増えています。教室から飛び出して行ってしまい、補助の先生がついていらっしゃらない場合は、担任が追いかけて言って連れ戻してこなければならないのです。

その間、教室の他の子どもたちは放ったらかしとなります。

授業中にずっと別のことをしている子どもたちもたくさんいます。はさみで紙を切り刻んで積み重ねていたり、紙鉄砲を作ったり、なんだか楽しそうにしています。担任も、他の子どもたちに迷惑とならなければ、ある程度は容認して授業を進めています。

多様性ということが言われていますが、従来のような一斉に子どもたちに同じ授業をするという形が崩れて来つつあるようにも思えます。

こういう状況をどう考えるのか？

どうしていけば良いのか？

■必要な技術がある

まずは、一斉授業における指導力というか、子どもの掌握力であったり、こちらを向かせる言葉の使い方であったりという技術の問題があります。

一斉指導に対して否定的な方々もいらっしゃいますが、小学校では、一斉指導は必要です。基礎基本のことを学んでいくのに、子どもたちの手に全てゆだねていいわけがありません。

ただ、画一的な堅い指導になってしまうと、居心地の悪い子どもたちが増えてくるのも事実です。

一斉授業で子どもたちに話を聞かせたり課題に取り組ませたり、授業でのやり取りに注目させたりすることには、技術が必要です。一言で言うと、授業が楽しく面白くなるための技術です。

それを身に付けないで、ただ手を出したらまずいので放っておくというような姿勢ではいけません。若い先生方には、そういう技術が圧倒的に不足しているのです。

一斉指導における技術を高めましょう。

■笑いの重要性

教室には笑いが不可欠です。一時間の授業の間、子どもたちが一度も笑顔にならない授業なんて論外です。楽しくありません。教室の「あの子」なんて、敏感で繊細な子どもが多いのだから、笑いもないような授業には入って来られないですよ。

授業そのものがいつもいつも楽しくなくても、笑いのあるクラスには穏やかで明るいムードが流れます。

僕は若い頃、生真面目な授業をめざしていたので、子どもたちに

「先生、暗い。」

とよく言われました。

あるとき、明るく楽しい学年を持ったときに、子どもたちと合わずに苦しみました。途中から、子どもたちに任せて僕が手を放すことで、うまくいくようになりました。そうして、子どもたちからたくさんのことを教わりました。きりっとした厳しい生活よりも、明るく楽しい生活の方が大切だと学びました。

笑いが苦手ならば、笑いのあるユーモラスな絵本を読み聞かせすればいいのです。

笑いの質を問え

「笑いはあっても、教育がない」というようなクラスをときどき見かけます。

子ども同士でお互いを揶揄するような声が上がり、仲間を嘲笑するような笑いが教室にあふれています。

・人が失敗したら、くすくす笑う。
・不規則発言で友だちをあざけり笑う。
・太った子どもを「デブ」。小さな子どもを「チビ」。
等と、差別的な発言が飛び交う。（それが「笑い」になっている。）

このようなクラスでは、個々の人権はないがしろにされ、ふざけた言葉ばかりが幅を利かせます。気の弱い子どもや生真面目な子どもは大人しくなり、大声で冗談を言っているような子どもたちが目立つようになります。

ちょっと人と違った子どもはターゲットになり、

「KY、KY。」

等と揶揄されて、疎外されていきます。

一見、楽しく明るいクラスのように見えますが、先生には一人一人の思いや様子を見ることができずに、教室の弱者は取り残されていきます。

本物の笑いのあるクラスでなければいけません。

人をからかったり揶揄したりする言葉が飛び交うのではなく、ユーモアがクラスにあふれて、どの子もが居心地の良いクラスに。

「ユーモア」という言葉は、「体液」が語源だそうです。人間同士が乾いた関係ではいさかいも多くなり、スムーズにいきません。少し湿らせて潤滑油のような役割を果たすのが「ユーモア」です。

つまり、人の心を和ませる役割を果たすのが、ユーモアです。

人を傷つける言葉は、ユーモアとは言いません。

子どもって、元々ユーモアの要素を持っているんですよ。担任していた二年生で、僕が腹を立ててしまって厳しく子どもたちを問い詰めたときがありました。（いつもいつも穏やかにはいられません）

一度怒ってしまうと、なかなか切り替えができずに、クラスのムードはとても悪くなりました。

そのとき、一人の男の子が突然、独り芝居をやり始めたのです。

「井上君、そうかそういうことだったのか。

うーん。それは本物の＃＄％＆、＆％＄なんじゃないかなあ。

あっそうだ。＃＄％＆、＆％＄にちがいない。…………。」

こんな調子でずうっとしゃべっているのです。

僕も子どもたちもあっけにとられていましたが、そのうちにくすくす笑い出して、僕もおかしくなってきて笑ってしまって、それで教室の空気が変わってしまいました。

賢いその子は、すぐにかっとなってしまってトラブルの多い子どもでしたが、クラスの空気を読んで、とっさに始めたのだと思います。

こういうユーモアは、クラスも先生をも救います。子どもたちには、こんな力もあるのだということを認識しておくべきでしょう。

■支援の先生とどこまで準備できるのか？

ときどき飛び込みで授業をさせていただくときがあります。

大阪のある学校で、詩の授業をしました。

「当たり前の授業を見せてください。」

というリクエストだったので、オーソドックスな一斉授業をしました。

事後の先生方の感想の中で、支援の先生が書かれていたことがあります。

「子ども（支援についている子）には、言っている意味が分かりにくかった。その子に対する配慮が全然なかった。」

というような内容でした。

僕は管理職の方とお話しして、

「僕がその子に配慮しようとしたら、何度かこちらにお邪魔をしてその子を観察し、支援の先生とも話し合って手立てを考えなければなりません。それは僕には時間的にできませんから、こういうことを言われたら、僕はもう授業はできませんよ。」

とお伝えしました。

ユニバーサルデザインでやろうとしても、支援の必要な子どもについては、できることに限界があります。

しかし、考えてみれば、僕のような飛び込み授業だけに限ったことではありません。

小学校の先生方は一日に四、五時間ずつ、毎日授業をしています。その一つ一つについて支援の必要な子どもに対する手立てを打つということは、無理があるのではないでしょうか。

支援の先生ともよく相談して、ある程度の配慮はできますが、授業の目標にその子が到達できるために、その子だけの手立てを毎回考えるなんてことは、不可能に近いとまで思われるのです。

個別最適化ということが言われています。学習のICT化によって、少しずつ可能になっていくことでしょう。

けれども、現状は一クラス四十人近い子どもたちを担任しての授業がほとんどです。支援の必要な子どものためにだけ学習を仕組むことはできません。支援の先生が授業を見ながらその子に必要なフォローをしていくことが精いっぱいではありませんか？

さらに、教室には、支援の必要な子どもたち。自分たちの力で学んでいける子どもたち。放っておいても大丈夫な子どもたち。そして、後少しだけフォローをしてあげれば、普通の学力に持っていける子どもたち等がいます。

支援の必要な子どもたちを中心にすると、この「多少フォローしたらできるようになる子どもたち」に手をかけることができなくなります。そして、その子たちの学力が下がっていくのです。

実際、そういう声をときどき耳にします。

「この子を見捨てるのですか？　と言われては、支援の必要な子どもに手をかけないわけにはいきませんが、その横で生活には支援が必要ないけれども、手をかけないと力がつかないと分かっている子どもが、どんどん落ちていくんです。」

学力の二極化は、こういうことも関係しているのだと思っています。

支援の先生方には、クラス全体を見るという視点の欠けた方がいらっしゃいます。担任は、クラス全体を常に見ています。そのお互いが歩み寄って、良い方向を考えていくべきなのではないでしょうか。

（多賀一郎）

2　協同学習とインクルーシブ教育

■あの子たちが苦手な授業

はじめに書いてしまいますが、良質な一斉指導であれば、支援が必要だと言われる子も落ち着いて活き活きと授業に取り組むことはできます。

ただ、その「良質な」というところが問題で、そう一朝一夕にできるようになるものではなく、ベテランの授業がうまいと言われる先生ですらうまくいかないこともあります。

また、私は所謂「〇〇スタンダード」と呼ばれる授業に対して、第一章でも記したように、必ずしも支援が必要な子に不適切なものだとは思っていません。しかし、インクルーシブや特別支援という視点で考えると、それが最善とも思えません。

ここで「支援が必要な子」が苦手とする授業とはどんな授業かをいくつか示してみたいと思います。

・じっとしていないといけない
・ずっと聞き続けなければいけない
・「書く」ことが特に大切にされる
・ワンパターンで退屈
・何をするか授業の冒頭で分かってしまう授業
・具体的に何をすればいいか分かりづらい授業

そう考えると、例えばすでにその内容を家庭や塾で学習していている子や理解が速い子にとっては、最初のめあてで分かってしまう授業や、「練り合う」とか「まとめる」というような抽象的な言葉で表され、いつもその授業のパターンで進んでいくのは、あまり得意ではない授業だと言えるでしょう。

特に「〇〇型スタンダード」と言われる授業で注意しないといけないポイントではあるのですが、一斉指導の中でそれを解消するのはそれほど簡単ではありません。

では、いったいどうすればいいのでしょうか。
そのヒントは協同学習にあると私は考えています。

■協同学習は「可能性」だ

一斉指導の中で子どもたちが不適切な行動を表すことがあります。
では、例えばその「不適切な行動」とはどのようなものなのでしょうか。

・動きが止まらない
・しゃべり続けてしまう
・長い話を聞くことができない
・つい友達に話しかけてしまう
・抽象的な指示は理解しづらい
・分からないことがしばしばあるけれど、友達に話しかけられない

このような行動は確かに一斉指導では不適切でしょう。
しかし、次のような授業ではどうでしょうか。

①シンプルに課題だけ示す
例1「寒い地方の良いところ・困難なところを順番を付けて5つ挙げなさい」
例2「三角形の面積を求める公式『底辺×高さ÷2』の意味を説明しなさい」
②班やグループで考える
短い時間なら他の班の視察や相談も可とする
③全体で発表する

先生の主な発言は最初の課題を伝えるところと「班で教える」「全体で発表する」という指示を出すところだけです。（もちろん途中途中で言葉をかけたり、追加の補助指示などを出すことはあります。）

このような授業なら、最初に挙げた「不適切な行動」は、「望ましい行動」に変わらないでしょうか。

よく動き、よく話し、よく関わる「良い行動が多い」子どもになりませんか。

また、全員があれこれ話したり、教え合ったりしているので、質問しやすくなります。

また、分からない子に対して先生一人が説明するのではなく、いろいろな子がその子に「分かる？」と聞きながら教えるので、様々な方法が提示される可能性もあります。

こうしてみると班やグループなどで活動的に行う協同学習は、通常「困った子」とみられる子が「活躍する子」に一八〇度変換する可能性があるのです。

もちろんここに書いた方法は「ざっくり」したことしか書いていませんから、実際は子どもたちに合わせて工夫することもいろいろ必要になるでしょう。

しかし、特に講義型の一斉授業だと不適切な行動ばかり見られた子が、このような活動的な学習に切り替えることによって活躍する可能性はとても高いと考えます。

しかも、授業構成や提示の仕方、子どもの発言の引き出し方や整理の仕方、教師の話し方など様々な要因を満たさないとできない「よい一斉授業」に対して、このような活動的な協同学習はずいぶん敷居が低いものだと思います。

■協同学習が合わない子

先に特別な支援を必要とすると言われる子どもと協同学習の相性の良さについて書きましたが、決して万能ではありません。

支援が必要な子の中でもコミュニケーションそのものが苦手な子は、協同学習の取り組みはじめに苦手意識を持つことがあります。

そういう場合は、短い時間での協同学習からスタートするなど、少しずつ慣れる期間を設けて様子を見てみると良いでしょう。

また、「個で取り組んでよい時間を設定する」という方法も考えられます。

「話さないといけない」と不安に思っている子もいますが、話し手は聞き手がいるからこそ存在しうるものだということを子どもたちに伝えます。

ずっと説明し続けてくれる子も「宝」ですが、じっと黙って聞いてくれている子もまた協同学習では「宝」となります。

また学習が苦手な子もそうです。苦手な子がいるから教えさせてもらえ、教える子の力が伸びるということを伝えます。

そういうことを日常的に行うことが、子どもたち同士の自然な支援のし合い（ナチュラルサポート）につながっていきます。

ただそれでも協同学習が合わないと感じる子は一定数いるでしょう。そもそも子どもによっては静かにじっと話を聞き続けるような講義型の一斉授業の方が「静かで落ち着く」

と感じる子もいます。

そう考えると、一日中協同学習ばかりを行うのではなく、一斉授業をはじめとした様々な学習方法で子どもたちの学習を進めていくことが必要だと考えます。

得意と不得意を知ることもまた大切

上に書いたようにいろいろな学習方法が日常的に提示されていることで、なんとかその一日頑張れている子もいるでしょう。

支援が必要な子は基本的には「居心地良く」「安心して」学習できるようにすることを考えますが、その願いを一〇〇パーセント叶えることは無理です。

いや、もしできるとしても一〇〇パーセント何の不満も不安もなく、困り感も感じず過ごさせていくことが本当に良いことでしょうか。

世の中に出たときにきっと「そうではない」場面に数多く出会うでしょう。

その時にどうしたらいいか分からないとしたら？

これはこれで不幸なことだと思いませんか。

「こういう時は苦手だ」ということを知っていれば、それに対する対処方法を一緒に考えることもできるでしょう。

協同学習のある意味「がじゃがじゃした雰囲気の中」だからこそ、そういう場合の対処法を個人的に教えることができるチャンスもあります。

また、自分にとって苦手な場や苦手な方法があることをより具体的に知っておくことも、大きくなったときに役に立ちます。

例えば、勉強が得意でもコミュニケーションが苦手な人が、高いコミュニケーション能力を発揮することが前提の職業には就かない方がいいと判断することにつながり、不幸な出会いで傷つかないですむかもしれません。

逆に苦手なこと、嫌いなことがあるということは、その逆の好きなこと、得意なこともある程度分かっているということでもあります。

それもまた職業や場を選ぶときの大切な情報になりえるでしょう。

■協同学習とインクルーシブ

協同学習と一口に言ってもいろいろな方法やアプローチがあります。

全体で行っても良いし、グループでの活動を中心にしてもよい。

課題の提示の仕方も、課題解決だけでなく、「よい作品を作ろう」という活動そのものを中心にしたことでもよいのです。

ただ、グループや班で活動すればそれで協同学習かというとそれは違うと思います。

協同学習は単なるグループ学習や活動的な学習を指すわけではありません。

協同学習では、自分ができることを目指すだけでなく、そのグループ（時によっては学級集団）の人たちができることも同じように目指して取り組むというのが基本的な理念です。

お互いの得意や苦手を知りつつ、その上で助け合って補い合って学習を進めていくことが大切にされなければなりません。

そう考えると協同学習は、「特別支援教育」に重心があるのではなく、「インクルーシブ教育」に重心を置いた方法だと私は考えています。

■協同学習だからこそできる「個へのアプローチ」

協同学習を小学校で行う上で、実は大きなネックとなる問題があります。

それは子どもたちのニーズ。

小学生は「先生に教えてほしい」「困ったときに先生に助けてほしい」「先生に優しくしてほしい」というような「先生に親切にされたい」という欲求を少なからず持っています。それは学年が上がるごとに薄くなっていくものではありますが、ゼロになることはありません。

一斉指導を進めながらの個への支援は少々難しい面があります。

一つは時間的な問題。全体を教えながら個へ関わるという時間を生み出すことが難しいという問題。そういう場合には「ミニ先生」を作ってできた子どもたちにまだできていない子どもたちを教えさせるという方法をとっている方もおられるでしょう。

もう一つは、先生自身は良かれと思っていつも同じ子に個別指導を行うことによって、周りの子が差別意識を持ってしまうケースがあるということ。これはミニ先生といつも教えられる側が固定されている時も同じことが起こりえます。

学級の土壌として、そういう子も差別されず、常に認められていればいいのですが、そうではないことも多いのです。

しかし、協同学習ベースで全体が教え合っている状態の学習なら、上に書いたような個別指導はより容易になります。

子どもたち同士が学習を進めているので、先生は全体を見つつも、それでも手が空いていることが多くなります。そして、他にも相談し、教え、教えられている子達がいるので目立つこともありません。

協同学習を行うことで、インクルーシブ教育をベースに置きながら、できる個別支援のオプションは増えていきます。

（南　惠介）

第四章　学級づくりとインクルーシブ教育

「学級づくり」の在り方もインクルーシブ教育ももう一度考え直す必要がある。

では、どのような在り方を志向していけばいいのか。

その在り方の一つを四章では提案していきたい。

「受容共感協同型の学級経営」

受容共感協同型の学級経営？

それは一体なんだと思われた方も多いでしょう。

従来は教師が枠組を示し、指示を出し、リーダーシップを発揮しながら行う「管理統制一斉型の学級経営」が主流でした。今もおそらく多くの場合はそのような方法を志向していると感じます。

リーダーシップを発揮する力やパーソナリティと、反発に対する対処方法やメンタリティを同じに併せ持ち、子どもたちを「そろえ」、ある種の枠組に当てはめていく、そのような教師主導の学級経営です。

ここまで読まれた方はここでピンと来るかもしれませんが、この時点でインクルーシブ教育を行っていくということを考えると、大なり小なりの矛盾を含むことになってきます。

インクルーシブ教育は、ある程度の知識と方法を知った上での子どもたちの見取りをベースに、その子たちに合わせて進めていくものだからです。

つまり、学級づくりについてはある程度の準備はしつつも、子どもの様子に合わせて手立てを行い、必要に応じて変えていくことが基本となるからです。

そこで、教師主導ではなく、子ども主導、いや子ども主体となるような学級経営を志向していくアプローチを考えます。

ベクトルが逆になるのです。

つまり、子どもの様子を見て、子どもの話を聞くことが基本となります。その上で子どもの意見や願いを整理して子どもたちに伝え、コンセンサスを得ながら学級を運営していく。もちろんその中に先生の意見

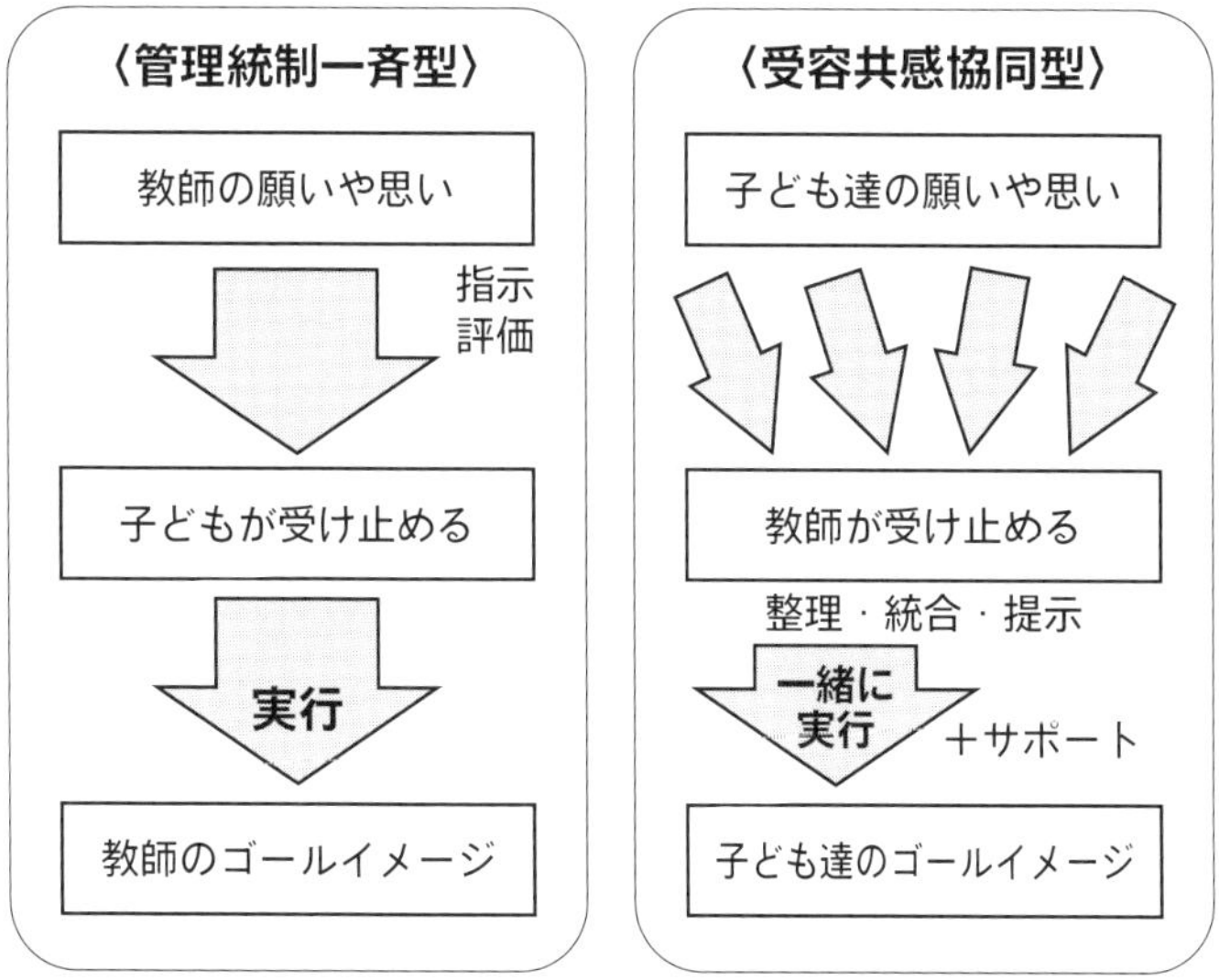

が入ることもありますが、それはフラットな関係での提案となります。それが、「受容共感協同型の学級経営」です。

ただ、管理統制型と受容共感型は白か黒かではありません。

時には管理統制型を志向する場面もありますし、受容共感型を志向する場合もあります。

また、一見強面でリーダーシップを発揮しているように見える先生でも、実はよく子どもたちの話を聞き、それを受け取り、整理して再提示している「受容共感型」の学級経営をしているということもよくあります。

要は、教師の考えが常に上位にあって、その考えを実現させることを一番に考えて学級を経営していくか、理想を持ちつつもまず子どもたちの様子や、考えを受け入れつつ形を作っていくかという、大まかなベクトルの違いの話なのです。

三十年近く子どもたちを目の前にして学級を作り、授業をしてきましたが、未だに子どもから学ぶことが非常に多いと感じます。

そして、知識を得れば得るほど、方法を知れば知るほど、逆にその知識や方法にとらわれて子どもを見失うことがしばしばあります。

子どもを見る、そしてまずは子どもを受け入れて、そこからスタートしてみる。

そのような「受容共感型の学級経営」は、インクルーシブ教育と非常に相性が良いと考えています。

では、具体的にはどのように進めていけば良いのでしょうか。

(1) 方向を示す、定める

受容共感型の学級経営であっても、教師は「羅針盤」のはたらきをします。

方向性を示す場面、そして定める場面が必要です。

まず方向性を示す場面は、やはり四月の学級開き。

所信表明で子どもたちに「こんな学級にしたい」という大まかな方向性を示します。この最初の表明を覚えている子どもたちは結構多いのですが、先生がこの表明とは異なる方向に進むような取り組み方や関わり方をしていたら、それはほとんど意味をなさなくなります。

そして次に学級目標を決めること。

教師の所信表明や、それに基づいた教師の在り方や関わり方の影響を、大きく、小さく受けつつ、子どもたちは生活していきます。

その上で、学級経営の方向を決めていきます。

「ここから一年間どうなったらいいのか。」

子どもたちの意見を聞き取り、整理し、分かりやすく具体的な言葉として掲示する。こうして子どもたち主体で決めた学級目標の掲示が常に方向を示し続けていきます。だから一年間掲示し、時々それをみんなで見直していくことが必要になってくるのです。

「子どもたちが自分たちで決めた」という事実は大切です。

子ども主導の、子ども主体の学級経営のスタートとなるからです。

(2) フレーム(枠組)と「遊び」

「多様性」はインクルーシブ教育の重要なキーワードですが、それは「何でもあり」ではありません。

ある程度の大きさや形のフレームの中で、同じことをやっているように見えても異なる価値観や行動を提示することを多様性と捉えた方がよいでしょう。

子どもたちが「このフレームの中で」という意識があるかないかは大きいのです。

そもそもフレームが見えないがじゃがじゃした雰囲気を許せない子がいます。また、本来はあるはずのフレームが薄すぎて「なんでもあり」になってしまう子もいます。

　そのフレームはある程度の柔軟性をもったものであってほしいし、いくつかの場に合わせた別のフレームもあってほしいと考えていますが、それでも、やっぱり「この範囲で」というフレームを示し、子どもたちに理解してもらう必要があります。

　不必要な「圧」をかけないということが、受容共感型の学級経営では大切になってきますが、ただなんでもかんでもいいよいいよと言っている優しいだけの先生だと、多くの場合学級が崩れ、結局、子どもも先生も苦しい思いをしてしまうことになります。

　特に支援が必要だと言われる子どもたちは、どこからどこまでが許されるのか、どこからがアウトなのかに対して敏感なことが多いのです。ただし、それが分かったとしても、必ずしも全てが全て自分が行動に移せる訳ではないし、人に求める割に自分はということも、しばしば見られます。また、本当はそうしたいけれどできない、それゆえにどうせそのルールを破るならいくらでも破ってやるというケースもかなり多いと思います。

　しかし、そういう行動を示してしまう子達も、結局「フレーム」に反発しているのであって、「フレーム」そのものはかなり意識しているということははっきりしています。そう考えると、フレームを示すということは、学級を作っていく上でかなり大切な要素になります。

ただ、ここでフレームを示すと書いたのには意味があります。

「フレーム」そのものには、圧も罰則もありません。それを運用する人間が圧をかけ、罰を与えようとするのです。そこに揺るぎない厳しさがあるとしても、圧をかけるのとは異なります。「それは違う」と毅然として対応することと、ちゃんとやらないと許さないぞと怖がらせることは違います。文章では伝わりづらいことを承知で書きますが、厳しさと怖さは似ているようで違うものです。そして、怖さによって圧をかけることは不用意に子どもたちの反発を招き、不安を感じさせることにつながります。

繰り返しになりますが、子どもたちも「フレーム」を必要としているけれど、その運用の仕方がうまくないのです。

では、いい運用の仕方とはどんなものでしょうか。

教室で圧をかけず「フレーム」を示すということは、まず全体に何をするかという予告を理由を説明して行い、その後は繰り返し繰り返し同じルールを確認していくということです。そこに負の感情はありません。

分かっていてもできない。やろうとしてもできない。そんなことが人間にはある、という立ち位置から、なんどもなんども繰り返して「同じことを言い続ける」のです。

圧をかけない方法としては、紙に書いて掲示するという方法もいいでしょう。できるなら子どもたちと相談し、「どこまで許せる?」「どこまでがんばれる?」そう問いかけながらフレームを形作っていくことが、その集団の一人一人をお互いがより理解し合うことにつながり、お互いにとって居心地のよいフレームづくりにつながっていきます。

さて、ここで大切なのは蒔いた種がすぐに芽を出すわけでは無いということ。どうしても時間がかかります。

「信じて待つ」という選択肢を教師自身が持っている必要があります。

そして、「その場は、あきらめる」ということも大切になります。

そして、待つにしろ、その場はあきらめるにしろ、子どもたちの様子をつぶさに観察し、判断し続けることがセットです。

(3) つなぐ　つなげる　つながる

受容共感協同型の学級経営の肝は子どもたちがいかに「つながる」かです。

ここで「つなげる」とあえて書かなかったのは、フレームを作り、種を蒔くことで自然と子ども同士がつながっていくことを期待しているからです。

子どもたちがつながることによって、ルールやマナーを意識します。

子どもたちがつながることによって、そのルールやマナーを守る目的を理解します。

子どもたちがつながることによって、そのルールやマナーが守られないことに対してノーということができます。

子どもたちがつながることによって、そのルールやマナーが守れないことを許すことができます。

こうなると教師の介在は少なくなっていき、基準自体が子ども由来となり、学級経営そのものが協同的なものとなってきます。

では、子どもたちがつながるために教師ができることはなんでしょうか。

まず、人と人は「長所」でつながります。その人の良いところを見つけ、好ましいと感じるから仲良くなるのです。

ただ全員がもつ「その良さ」が必ずしも、通常の学校の文脈に沿っているとは限りません。それこそ通常の文脈で考える「常識的な良さ」では判断できない良さが、子どもたちの腑に落ちることもあります。

さらに、その子の中に眠っている良さを教師がいかに見つけ、それを周囲に伝えていけるかが肝になります。それは、自分自身の見方が偏っていないか、本当に多様であるかどうかが試されているということでもあるのです。

そして、その良さもそのままでは周囲に伝わらないことがあります。その良さを活かすために、時と場合に合わせたり、許したり称揚したりする頻度や程度を整えたり、時に応じてその良さをピックアップしたりしながら、チューニングしていくことも必要になってきます。

しかし、そういう工夫をしていくことが、その子（達）の人生のベクトルが向きを変えることにつながっていくのです。

つながるために教師ができることのもう一つは共通体験の設定です。

日常的な授業も共通体験につながることはありますが、授業の内容を進めるだけでも精一杯のこともあるでしょう。

そこで、朝の会や、帰りの会、学級活動の時間、休み時間の遊び、授業以外のいろいろな場面で楽しい共通体験、あるいはみんなで乗り越えるような共通体験を計画的に設定してみます。それが全てうまくいかなくても、種を蒔くことはできるはずです。そして、うまくいくように教師が頑張っている姿を見ることもまた子ども達の共通体験となります。

⑷ めがねの話

「そうはいってもあの子は迷惑ばかりかけるから嫌だ」という子どもの声が聞こえてくるというのが、きれいごと抜きの感想ではないでしょうか。

もちろん頑張ってもできないことは誰しもあります。そして、学年が上がるにつれ、マイナスの積み重ねもあるし、成長していろいろなことが理解できるようになってきたからこそ許せないと感じることもあるかもしれません。

だからこそ、マイナスは誰にでもあること、そしてそれは誰かの助けを借りればマイナスにならない可能性があるということを、子どもたちに知ってもらう必要があると考えています。

わたしがしばしば子どもたちに話すのは「めがねの話」です。

目が悪い人はいます。簡単に言えば他の人に比べて「見えづらい」というマイナスを持っているということです。では、それは悪いことですか。そして、それで困っている人はいますか。大きく困ることはありませんね。それは、めがねがあるからです。みなさんにも先生にもできないこと、できづらいことはあります。しかし、それはだれかの助けや、その場の許しによって悪いことでもなく、困ったことでもなくなるかもしれません。やろうとしてもできないことはあります。でも、それは悪いことではないと先生は思うのです。そして、もしそのできないことがあったとき、その人のめがねのように助けになってくれたらきっと教室にいるみんなが幸せになるんじゃないかなと先生は考えています。

そして、ことあるごとに、教師自身が苦手なこと、できないことを開示することが必要になります。そして、それを助けてくれた子どもたちに感謝の意を示すことも。

その上で「〇〇さんは、こういうことが実は苦手なんだよね」と少しずつ、その子が劣等感を感じない範囲で（事前に「こういうこと言ってもいい？」と確認することが必要な場合もあるかもしれません）みんなに開示していきます。

ある年、なかなか思うように自分の行動をコントロールすることができない子がいました。しかし、年度の途中から周りの子が「その子は苦手なことがあるけれど、実はよく頑張っている」とその子の味方になってくれるようになりました。

時に辛辣な態度を示すこともありました。しかしそれは、かわいそうだからしているのではなく対等だと考えており、その上で理解していると感じられるものでした。

苦手なことがあることは恥ずかしいことではないと伝えること。そして、教師自身がその苦手なことを他の人にも分かるように「翻訳者」になること。

受容共感協同型の学級経営の中でインクルーシブ教育を進めていくためには、そのような関わりも必要だと考えます。


（南　惠介）

第五章

インクルーシブ教育における保護者対応

加害児童も被害児童も保護者は
辛い思いをする。
そこに寄り添う対応ができるの
かどうか？
それが基本だ。

子どもが他害行為を行った時、まず、教師が悩みます。

だって、目の前で、時には、学校の教師の目の届かないところで、事件は起こりますから。

暴れる子どもの対応に手をとられて、他の子どもたちのことがおろそかになっていきます。悪循環が始まります。

その子との関係もうまくいかなくなります。

「どうしてあの子を放っておくんですか?」

と、他の保護者からも非難されます。

そこで悩んで、ついには教師を辞めるまでに至る例もあります。

そして、加害児童の保護者の方も、苦しみます。

先生からもいろいろと注意を言われます。

他の保護者からも、文句を言われたり阻害されたりします。つらいですよ、子どものことを悪く言われても言い返せないのですから。

もちろん、一番、子ども本人が苦しんでいるのですが、ここでは保護者の立場を中心に語ります。

1　他害行為をどう捉えるか

他害行為は、あってはならないことです。

かっとなって、相手の子どもの首を絞めるということがときどき起こっています。物を投げつけたりすることも危険です。

理由のいかんを問わず、そうした危険な行為は阻止しなければならないことです。

厳しく指導しなければなりません。しかし、関係性もなく厳しいだけの指導をしても、効果は薄いものです。

「この人の言うことならば、聞こう。」

という存在にならなければなりません。

関係性を作るには時間も忍耐も必要です。厳しくしながらも信頼してもらえるように、子どもとつきあっていかなければなりません。

しかし、独りではできません。保護者の方と心を合わせて一緒に取り組んでいかなければならないことなのです。

2　被害者と加害者の立場

■被害児童の保護者から考えれば

子どもが殴られたり、首を絞められたり、蹴られたりしたら、親は黙っていられません。そのときのいきさつも関係ありません。

まして、そういうことが繰り返されたら、「なんとかしてくれ」と学校へ訴えてくるのは、当たり前のことです。

それは、別にモンスターペアレントではないのです。

それが普通の保護者の感情であり行動です。

ちょっと想像力が働けば、もし自分の子どもがそうだったら、どんな気持ちだろうか、等と考えられるはずなんです。それを考えることができたら、相手への思いやりも少しは出るはずなんです。

元々悪意の塊なんて人は、ほとんどいません。

学校がちょっと余裕を保護者に与えてあげられれば、少し改善できるんですよ。

話を聞く気になれるんです。

そのためには、教師は、まず被害児童の保護者の思いを受け止めることから始めるのです。

言い訳や

「あの子もがんばっているんです。分かってあげて……」

等ということは、余裕のできた相手にしか伝わりません。

一番失敗するのは、

「お宅のお子さんにも原因があります。」

というような言い方です。

たとえ、我が子が挑発した結果、興奮したその子が乱暴をはたらいたとしても、結果的にひどい目に遭わされていたら、そんなふうには考えられません。

まずは、保護者の腹の立つ気持ちを受け入れてあげることが必要です。

それと、ふだんから、もっと発達障害の子ども達について、全体的な理解を広げていくことが大切です。

誰でも少しずつは独特の気質を持っていて、それが十分にコントロールできていないだけなんだと知っているだけで、かなり違いますよね。

■加害児童の保護者の側から見ると

僕は親塾とかで、保護者の方の相談に乗ることが多いんです。加害児童の保護者もたくさんいらっしゃいます。

また、教え子の子どもにも発達障害だという子どもも何人かいて、相談にも乗っています。

ちょっと話は違いますが、教え子が子どもにケース・トレーニングとして、カードで練習させているんです。

あるケースで「こんなときに、どうする」と問いかけたら、殴るというカードを選ぶのでびっくりしたと言っていました。

それで、いろいろと話をしたら、がまんするというカードを選んだらしいんです。

そういう一つ一つのケース・トレーニングを何度もていねいにやっていかないといけないんですね。


さて、加害児童の保護者はほんとにつらいんですよ。

僕には想像できます。

なぜなら、うちの母親はきっとそういう思いをしていたであろうと思い当たるんです。

二年生の担任の先生は、

「私はこの子の面倒はよう見ません。」

と言ったそうですから、相当だったんだと思うんです。

本人は普通だと思っていたんですがね。

僕の知っているＡＤＨＤの子どもの保護者は、その辛さを語ってくれました。

子どもが他害したことがある保護者は、偉そうに他の子どもにされたことを言えないとおっしゃるんです。

相手も悪いのにと思っていても、何度か乱暴な行為を繰り返している子どもの保護者は黙って謝るしかありません。

悔しいでしょうね。言い訳もしたいでしょうに……。

でも、「ごめんなさい」と言うしかない。

この悔しさを誰かが分かってあげれば、救われます。

何よりも、どうしたら我が子のことをなんとかできるのかというのが、最大の悩みです。

はっきり言って、パターンとしての答えなんてないんですよね、一人一人違っているんだから。

一人一人を読み解くことしかできないし、肯定的に待ってあげなければならないこともあります。

「お宅のお子さん、なんとかしてください。」

ではなくて、まずは

「いろいろとお辛いでしょうね。悩まれることも多いのではありませんか？」

という言葉から入りましょう。

かたくなになっている保護者の方だって、いらっしゃるでしょう。

3　悩める保護者

■友だちの子どもが

ＰＴＡに呼ばれてインクルーシブの講演をしました。終わってから、何人かの保護者の方が来られて、いろいろと相談を受けました。

その中で、直接の当事者ではない保護者のみなさんが悩んでいることに気付かされました。

友だちの子どもがそうなんだろうと思われるのだけれども、

「どうしてあげればよいのか分からない。」

という悩みをよく聞きます。

遊びに来ているよその子どもの様子を見ていて、どうも今よく言われている発達障害なんだろうなあとは思うけれども、その子の親御さんにどうアドバイスしてあげればいいのかが分からないとおっしゃいます。

善意でなんとかしてあげたいと思う方々もいらっしゃるということです。

■自分の子どももそうかも

わが子の様子を見ていて、どうもいわゆる発達障害じゃないのかという不安を持たれている方はけっこう多いものです。

例えば、ネットで「アスペルガー」と検索したら、診断項目等というのが出てきます。それをチェックしたら、たいていの人はいくつかあてはまるものです。そうすると、

「自分はアスペルガーだ」

と決めつけて良いのでしょうか。

では、そういう方に病院での検診を薦めて、それで診断が下りたらことは解決するのでしょうか?

それだけでは解決にはならないですよね。

診断されたら、それなりに対応の仕方は分かるでしょうが、子どもたちはタイプで分けられるものではありません。同じ診断名がついても、子どもの成育歴によって大きく異なってきます。

重度のものでない限り、検診を受けること自体には、それほど意味がないと考えています。

■チームとしてどこまでやるのか

一教師のすること、学年の学校の教師群のすること、保護者のすること、周りの保護者のすることがそれぞればらばらだと、うまく子どもが育っていきません。それらの子どものかかわるすべての人たちが力を合わせてチームとして考えていかねばならないということは、明白です。

しかし、現実には、なかなかそうはいかないというのが現状です。

子どもに対する捉え方が違っています。

ただのわがままがひどくなっているだけだという認識の方もいらっしゃれば、完全な発達障害だから、それに応じた対応をしなければならないとおっしゃる方もいらっしゃいます。僕に言わせれば、どちらであっても、子どものことをよく見て手立てを考えるのだから、同じことだと思うのですが……。

医師に処方してもらって薬を飲ませるべきだという方もおられれば、薬は廃人への道だと、全否定される方もおられます。

子どもをよく見て、子どものためにチームとしての一つの方向性を見出してほしいと願います。

■排除の論理がある

「あの子と同じクラスにしないでください」

という声を出す方がいらっしゃいます。

大勢の方にそう言われたら、その子は行き場をなくしてしまいます。

こうした言葉には、もちろん承諾することはできません。ただ、実際問題として一緒にしていたら問題がややこしくなると判断したら、同じクラスにはしないということはあります。

学校の取り組みに納得していただければ、そういう声は出なくなっていきますが、ともに生きていくという発想にはなかなかなれません。

実際、排除の論理を出す保護者は、そんなにたくさんはいらっしゃいません。

しかし、声がでっかいのです。だから、学校側も引っ張られそうになります。そこで学校が踏みとどまらないといけませんね。

そういう方は、

「みんなが思っています。」

という言い方をするのです。

人数を確かめたわけでもないんですよ。自分の親しい人たち数人で盛り上がっているのがいいところですね。

でも、言っていることの一部は正しいのです。

アンガーマネジメントのできない子どもが乱暴なことをしたときに、

「あの子がいたら、安心して学校へやることができません。」

というのは本音であって、こういう思いをしなくてすむように、学校側がフォローしていかねばならないのです。

でも、難しいところがあります。いつもいつも先生がその子どもに張り付いていなければならないなどということは不可能に近いことだからです。

子どもたちがその子のことを理解して、その子がかっかしなくて済むような態度をとってくれるように、クラスを育てていかなければならないのです。

そして、そうした子どもの良い面を保護者に通信等で伝えて、少しでも認めてもらえるような努力をしていかねばならないと思います。

■理解を広げる

実は、両親よりも、祖父母の方が理解がないのです。

家内は市民図書館開放のボランティアに行っています。そこは主にお年寄りのみなさんの利用が圧倒的に多いのです。

ある時、五、六人の方が集まってこう話していたそうです。

「最近、発達障害ってよく言ってるけど、あれって親の躾が悪いからああなるのよね。」

「そうそう。結局は親の育て方の問題よね。」

と、親を、お嫁さんをディスるんですよね。

「親が甘やかしてるから、ああなるのよ。」

とバッサリ切り捨てる方もいらっしゃいます。

確かに甘やかしている部分もあるでしょうが、それは、日本国中の全員がそうですよね、今の時代。

昔と比べたら、DVでもなければ、みんな昔よりも子どもたちを甘やかしています。昔は少々発達障害のような子どもがいたとしても、暴力に近い躾で抑え込んできたのです。

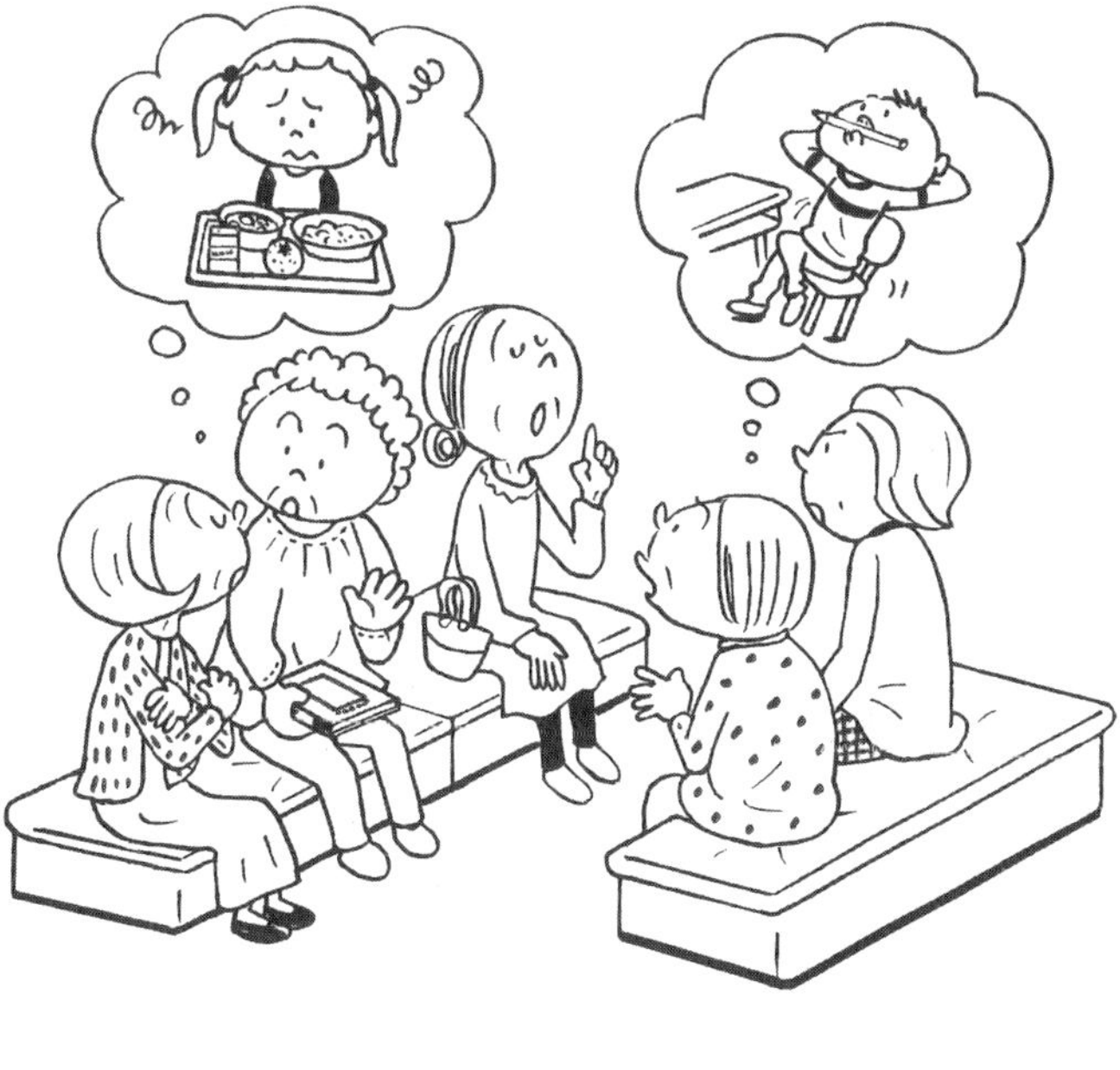

我々よりも上の世代なんて、厳しい中を生き抜いてきた方たちですから、今の感覚はわからないのです。

甘やかしているから、躾ができていないから、子どもが好き勝手なことをしているようにしか見えないのです。

そういう上の祖父母の世代に対して、どう働きかけたらいいのか、悩むところです。このなんでもググればいろんなサイトから知識を得られる時代において、ネットにも関わって来ない世代ですからね。スマホを扱える方は少数です。

ですから、伝えていきようがないのです。

僕は、この世代の人たちにも、教室の「あの子」のことを啓蒙していかないと、さらに苦しむ子どもたちや保護者が減っていかないと思うのです。

これからの大きな課題の一つだと思っています。

発達障害だけに特化したら広がらない

あえて、誤解を恐れずに言いますと、インクルーシブ教育は特別支援教育ではないと思っています。特別支援教育の実践家の中には、教室の「あの子」だけに絞って授業や教育を考えさせようとする方がいらっしゃいます。（僕の知り合いには、幸い、そういう方は少なくて、有意義な議論ができるのですが……。）

でも、特別支援教育の考え方や手法がインクルーシブ教育に活かしていけることは、間違いありません。

インクルーシブ教育は、障害のある子どもに焦点を当てるという発想ではできません。「障害のある子ども」だけのことを考えるという狭い意識ではいけないのです。もっと全部をインクルージョンするような教育を考えなければなりません。発達障害だけではなくて、外国人の子どももＬＧＢＴの子どもも、みんなを含んで一緒に教育していけるような場を作っていかなければならないと考えています。

外国人の増え方は半端ではありません。今、日本中で人手不足なんですよ。海外からたくさんの働き手がやってきます。

紋別市に行ったときは、貝柱の工場では働き手としてタイからの方々を受け入れていると聞かされました。もうそこで市民として働いてもらうというのです。従って、タイ人の子どもたちが学校に通っています。

東大阪のある学校では、四月に突然、十人のインドネシア人が入学してきました。学年はばらばらです。近くの工場の寮が立って、そこにインドネシアの母子家庭の人が大量に入居したのですね。

横浜や名古屋の一部の学校では、南米系の子どもたちのほうが多いというような学校も聞こえてきます。

他人事ではありません。

ある日突然、英語もわからない外国の子どもが教室に入ってくるということがあるということです。

でも、インクルーシブ教育が実践できている教室ならば、何も心配はいらないと思うのです。

ＬＧＢＴ、ご存じだとは思いますが、あえて説明すると「レズビアン（省略はいけないそうです。差別につながる）、ゲイ、バイセクシュアル、トランスジェンダー」の四つです。

教室に一人か二人は必ずＬＧＢＴの子どもがいると思ってください。そして、教師がその子どもたちの心をずたずたにしてしまうことがあるということも知ってほしいと思います。

あるLGBTの方は、一年生のときに、女の子と一緒にお花を摘んで髪に差して先生に見せにいったら、女の子には

「あらあ、かわいいじゃないの。」

と言って、自分には

「男のくせに気持ち悪い、捨てなさい！」

と言われたと苦しそうに話してくださいました。

教師は、軽い気持ちで子どもの心をつぶすことができるのですね。

教室の「あの子」も、外国人の子どもも、LGBTの子どもも、みんな、自分がありのままの自分でいられる教室、学校というものを目指すのが、究極のインクルーシブ教育なのではないのかなあと思うのです。

■説得から納得へ

保護者は説得してもダメだというのが、僕の持論です。納得してもらわないと、全てがうまくいきません。

説得されたら、仕方なしに黙ります。心の底から

「先生のおっしゃる通りだ。」

とは思いません。一時的なものであり、心のしこりというものが残ります。

教室の「あの子」について、保護者を言い負かして説得できたとしても、最終的には協力へとは向かわないのです。

一方、話し合って納得出来たら、自分の言動へと向かうものです。先生に

責任を持っていくのではなくて、自分が人として親としてどうあるべきかという方向へ向かいます。

説得はディベートによって生まれますが、納得は対話によって生まれます。結局は、保護者とも対話していかないとダメだってことですね。

■どこまで伝えられるか？

インクルーシブ教育は、今や、教育現場の大きな課題です。できるだけ多くの方を巻き込んで一緒に考える機会をつくれたらいいですね。

僕や南君の考えだって、別の見方からすれば、間違っているというご批判を浴びるかも知れません。

そういう違った考えの方々と対話しながら、インクルーシブ教育についての考え方を深めて、そして広めていきたいと考えています。

理想かも知れませんが、理想を失ったら、教育なんて成り立ちません。

この本は、きれいごと抜きの話ですが、ここだけはきれいごとの話にしたいと思います。

保護者も教師も子どもを支えるチームでありたいものです。子どもを中心において、インクルーシブ教育について考えていかねばならないのではないでしょうか。

そのために、僕は、できることをしていきたいと思います。


（多賀一郎）

4 伝えるための時間

少しでも早いタイミングで個への適切な支援をと私たちは考えます。

適切な支援を受けることなく、排除され、差別され、自尊感情をずたずたにされながら年を重ねていくのではなく、より居心地の良い空間で、適切な対応を中心とし、その子の特別な才能を伸ばしていけるような環境に身を置いてほしいというのは、その子を思う善意からくるものです。

それは必ずしも悪いことではないのですが、焦ることで逆にその機会が遠ざかることは少なくないと思います。

私自身も、失敗をしたことがあります。

ある子が困り感を感じていて、保護者の方もどうにかしたいと考えて相談をされたことがありました。

その子に対するアセスメントをもとに、あれこれ、そう本当にあれこれとアドバイスをしました。

しかし、その保護者は激怒して、そこまで築いていた信頼関係は一瞬にして崩れ去りました。

こちらからすると「こんなことも、あんなことも効果があって、この子がよくなりますよ」と伝えたつもりが、「こんなことも、あんなことも、この子はしないとダメなんだ」と途方に暮れさせてしまったのではないかという考えに至ったのは少し後のことです。

発達障害、特に「障害」という言葉は保護者にとっては重いものです。

そして、気付いていても、分かっていても、それを受け止めるのには時間が必要なのです。

「支援学級への入級を進めること＝あなたのお子さんは障害者ですよ」と伝えられたと受け止める方もいらっしゃいます。

伝えるにも時間をかけて少しずつ、少しずつ。

その子を愛し、生活をともにする保護者に対しても、配慮を持ちながら、時間をかけることを大切にしながら伝えていくことが必要です。

私の場合は、特性をもとにした困り感を感じていると考えた時点で、少しずつ少しずつその子の困り感を保護者の方に伝えていくようにします。

その子の良さを伝えるとともに、その子自身が困っていることを伝えます。

もちろん他の子に迷惑をかけていることも往々にしてあるのですが、まずはその子の困り感に寄り添って伝えることを大切にしたいと思います。

そして、それを積み重ねていった上で伝えるようにします。

特別支援コーディネーターや、スクールカウンセラーなどの専門家の力を借りることも大切です。

私が意識しているのは、年度終わりにある程度の見立てを伝えることです。

特に低学年の時にはつぶさに子どもを観察しつつ、ある程度専門的な見立てをもとに伝えるようにしています。

損をすることも多いのですが、その子と保護者のことを考えると、その年のうちに伝えておくことは重要だと思います。そして、次の担任、その次の担任が伝えるときに「そういえば、以前このようなことを言われたことがある」と保護者が思い出すだけでも、大きな反発をされずにその先の話を受け止めてもらえる可能性は高くなります。

いきなりズドンと爆弾を落とすような伝え方をすることはできるだけ避けたいのです。

少し話はずれますが、私は「発達障害」という言葉があまり好きではありません。いや好きか嫌いかというよりはその子を表すのに適していないと考えています。なので、基本的には「(発達)特性」という言葉を用いています。

いわゆる「天才」と言われる人の中に「発達障害」だと言われる人は少なくありません。人によりますが、生活や学習の中で困難さを感じていることも多い傾向があるのではないかとは思います。しかし、今の私はある意味その人のアイデンティティをネガティブな影響を伴って示してしまいかねない発達障害という言葉は、正直教育現場にはそぐわないのではないかという気持ちを持っています。

話をもとに戻します。では、どのようなタイミングで伝えるのがより良いのでしょうか。

まず考えられるのが、その子に関わる全ての人が困ってしまい、打つ手がない状態のときがオーソドックスなタイミングでしょう。しかし、そのタイミングではこの子は「できないから」入級指導をされたと感じられるかもしれません。

一番いいタイミングは、困っていたことがいくつかの意図的かつ専門的なアプローチによって改善の道筋が見え始めた時だと思います。

このタイミングだと、子どもが今よりも幸せな未来につながるように感じるからです。必ずしもベストなタイミングで伝えられるとは限りません。しかし、できるだけ子どもと保護者にとっていいタイミングで伝えたいと思います。

その様子を感じ取りながら、丁寧に丁寧に、必要な時間をかけながら少しずつ伝えていく。ときにはそれが何年かかかることがあったとしても、丁寧に少しずつ伝えていく。そうして保護者が受け止める時間を大切にしていきたいと思います。

（南　恵介）

あとがき　―きれいごと「あり」のインクルーシブ教育―

多賀先生と私でインクルーシブ教育について論じた『きれいごと抜きのインクルーシブ教育』は、令和二年十二月現在で四刷となっており、それなりに世の中で読まれてきた本といってよいでしょう。

さて、では本当にその本は「きれいごとぬき」だったのでしょうか。

今の学校教育を取り巻く状況の中で、**教師目線での「きれいごと抜き」かどうか考えたとき、**あの本で書いた内容はもしかしたら「きれいごと」ばかりだったのかもしれないという思いもあります。

「現場はそんなに楽ではない」

「たまたまあなたがなんとかそうやっていけるところにいただけだ」

確かにそうかもしれません。

ただ、教育はそもそも現実を見つめつつも、高邁な理想を目指して行っていく営みだと私は考えています。

今ある現実はそうなっていなくても、未来はこうでありたいと願い、少しずつでも近づけていこうとすること。

これこそが教育に関わる様々な取り組みへの基本姿勢であると考えます。

いささか大げさな話になりますが、今目の前にしている子どもたちが未来の社会を作っていくのだと考えると、日々子どもたちを目の前にして「こうありたい」と願い、口に出し、少しずつでも行動を起こしていくことで、私達も、その子も、周りの子も、未来の社会を作っていくその一端を担うことにつながっていきます。

教師こそ理想を語る。

もしかしたら「きれいごと」にしか聞こえないそれも、それでも、ほんのわずかずつでも前に進んでいけるように、理想を思い描くことを、自分の今を疑うことを、そして小さな積み重ねをしていくことを、私たちは忘れてはいけないと思うのです。

正直、このようなテーマを書くのは現役教師である私にとって、本当にハードルの高いものです。

「本当にこの本に書いているようなことが全部できているのか」

そう問われたとき、胸を張って「いつでもできている」とは言い切れないからです。

自分自身のことを鑑みても、教育現場というものは本当にいろいろな要素が絡み合って成り立っているもので、毎年いろいろな違いを感じながら、それでもなんとかやりくりしながらみんな一生懸命やっていることも分かっています。

そういう意味では、この本は自分を切り刻み、そして時には血を流すような思いをしながら書いた本なのです。

そして、全く無力で、子どもたちを苦しめてきた過去の自分自身を責め続ける本でもあります。

ただ、だからこそ世に出す意味があるのではないかとも思います。

問うこと。

それは、自分自身に対しても。

そして、これからまだまだ学び続けていく必要を、いやそれ以上に子どもたちと生活を共にしながら一緒に試行錯誤していく必要を改めて感じつつ、筆を置きたいと思います。

最後になりましたが、本書を書くにあたりお声がけくださり、また何度も励ましてくださった多賀先生、そして黎明書房の武馬社長、伊藤さんがいなければ最後まで書き切ることができませんでした。感謝いたします。

南　恵介

著者紹介

多賀一郎

神戸大学附属住吉小学校を経て，私立小学校に永年勤務。元日本私立小学校連合会国語部全国委員長。元西日本私立小学校連合会国語部代表委員。若い先生を育てる活動に尽力。公私立の小学校・幼稚園などで講座・講演などを行ったり，親塾や「本の会」など，保護者教育にも力を入れている。

ホームページ：「多賀マークの教室日記」http://www.taga.169.com/

著書に『新装版　きれいごと抜きのインクルーシブ教育』『改訂版　全員を聞く子どもにする教室の作り方』『多賀一郎の荒れない教室の作り方』（以上，黎明書房），『ヒドゥンカリキュラム入門』『国語教師力を鍛える』（以上，明治図書），『学校と一緒に安心して子どもを育てる本』（小学館），『女性教師の実践からこれからの教育を考える』（編著）（学事出版）など多数。

南　恵介

中学校，小学校講師での勤務を経て，小学校教諭となる。現在，美作市立勝田小学校教諭。人権教育，特別支援教育をベースとした学級経営に取り組んでいる。子どもたち一人一人を伸ばすための多様な学びのあり方について研究を進めつつ，試行錯誤しながら教室実践を積んでいる。

著書に『新装版　きれいごと抜きのインクルーシブ教育』（黎明書房），『学級を最高のチームにする！　365日の集団づくり　5年』『子どもの心をつかむ！　指導技術　「ほめる」ポイント「叱る」ルールあるがままを「認める」心得』（明治図書），『国語科授業のトリセツ』（共著）（フォーラムA企画）など多数。

＊イラスト・伊東美貴

間違《まちが》いだらけのインクルーシブ教育《きょういく》

2021年5月1日　初版発行
2022年2月15日　2刷発行

著　者　多賀一郎《たがいちろう》・南恵介《みなみけいすけ》
発行者　武馬久仁裕
印　刷　藤原印刷株式会社
製　本　協栄製本工業株式会社

発　行　所　株式会社　黎《れい》明《めい》書《しょ》房《ぼう》

〒460-0002　名古屋市中区丸の内3-6-27　EBSビル
☎ 052-962-3045　FAX 052-951-9065　振替・00880-1-59001
〒101-0047　東京連絡所・千代田区内神田1-4-9　松苗ビル4階
☎ 03-3268-3470

落丁本・乱丁本はお取替えします。　ISBN978-4-654-02351-6